Pocket-Info
Musiklehre

AF153793

HUGO PINKSTERBOER
BART NOORMAN

Pocket-Info
Musiklehre

Handlich, übersichtlich und up to date.
Das **Referenzbuch für jeden, der Noten liest – oder**
es lernen möchte.

SCHOTT

Mainz · London · Madrid · New York · Paris · Tokyo · Toronto

Danke:

Dick Barten, Gerard Braun, Har van der Geest, Dick Kujis, Willem Lohy, Leon van Mil, Tijn Sardée und Carin Tielen; acht professionelle-, semi-professionelle- und Amateur-Musiker, die das Buch genau überprüft haben; für ihr Wissen, ihre Fragen, ihre Erfahrung und ihre Kommentare.

Ebenfalls danke:

Jeroen Brinkhof, Edwin Dijkman (Music Store, Amsterdam, Niederlande), Elliot Freedman, Dirk Hooglandt, Marinus Komst, Tamara Santing und Hinke Wever für ihre Zeit, Tipps, Ergänzungen und Hilfe.

Steve Clover: danke für deine Anwesenheit und Sachkenntnis.

5. Auflage 2009

SPL 1046
ISBN: 3-7957-5530-1

© 2000 Schott Musik International, Mainz
© der Originalausgabe: The Tipbook Company bv

Konzept, Formgebung und Illustrationen: Gijs Bierenbroodspot
Redaktion: Harald Wingerter
Übersetzung: Hermann Martlreiter
Satz: Digital-Publishing Katja Peteratzinger

Printed in Germany · BSS 50071

KURZ GESAGT

Pocket-Info *Musiklehre* bietet dir eine der schnellsten Methoden, Noten lesen zu lernen und Musik zu verstehen. Die Grundlagen hast du schon nach ein paar Kapiteln gemeistert – weil es nicht so schwer ist, wie du denkst. Außerdem wirft das Buch Licht auf die Hauptverbindungen zwischen all diesen Noten, auf Tonleitern und Intervalle und das System, das dahinter steckt. Und auch das ist so leicht wie möglich gemacht – sehr leicht also.

Leichter

Mit diesem Buch verstehst du besser, was es ist, was du spielst, anstatt es einfach nur zu spielen. Und es gibt dir eine Grundlage, einen Schritt weiter zu gehen als einfach nur Noten *zu lesen*: Stücke zu transkribieren, Notieren und Arrangieren deiner eigenen Musik, Solos spielen usw.

Für jeden

Dieses Buch richtet sich an Heavy-Metal-Gitarristen, klassische Flötisten, Grunge-Bassisten, Bluessänger, Pianisten, Keyboarder, Geiger, Jazztrompeter und alles dazwischen. Und es enthält viele leicht spielbare Beispiele und praktische Tipps. Weil es nicht nur um Theorie geht, sondern um Musik.

Glossar

Im ersten Kapitel kannst du nachlesen, wie diese Pocket-Info aufgebaut ist. Wenn du nur etwas nachschlagen möchtest, findest du im Glossar am Ende des Buchs ganz schnell eine Antwort.

Hugo Pinksterboer/Bart Norman

INHALT

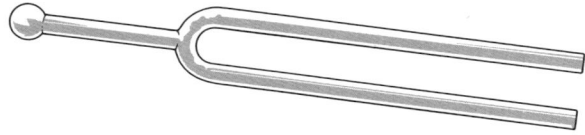

1. MUSIKLEHRE

Das Erlernen der Notenschrift ist nicht viel schwerer als Lesen lernen. Zuerst hast du einen Buchstaben nach dem anderen gelernt, dann Wörter gelesen, und jetzt kannst du auf einen Blick ganze Sätze erfassen. Und genauso wie beim Lesen lernen braucht es zunächst etwas Zeit, aber am Ende zahlt es sich doch aus. Eine Einleitung und wie man aus diesem Buch am meisten herausholt.

Viele berühmte Musiker haben in ihrem Leben niemals auch nur eine einzige Note gelesen. Nicht etwa klassische Musiker, aber in anderen Musikstilen, von Rock über House bis zu Jazz, gibt es viele davon. Unglaublich viele Gruppen und Bands haben kein einziges Mitglied, das Noten lesen könnte. Und Tausende von Songs wurden von Musikern erdacht, die niemals etwas zu Papier gebracht haben. *Wenn* du Noten lesen kannst …

- steht dir **tonnenweise Notenmaterial** zur Verfügung: Lehr- und Lernmaterial, Bücher mit Stücken deiner Lieblingsband oder deines Lieblingskomponisten, Übungen, die sich dein Lehrer ausgedacht hat und vieles mehr.
- kannst du sofort in Bands **mitspielen**, die Notenvorlagen benutzen.
- kannst du **selbst Musik schreiben**. Deine eigenen Etüden. Deine eigenen Stücke. Eine Stimme für den Bassisten oder den Blechbläsersatz. Eine Idee für ein Solo. Etwas aufzuschreiben ist leichter als es sich zu merken – vor allem auf lange Sicht.
- wirst du schnell merken, dass dir die Verständigung mit anderen Musikern **viel leichter** fällt. Und du stehst nicht mehr als der Dumme da, wenn jemand über B♭-Dur, eine Quinte oder eine Sechzehntelnote spricht.

• wirst du die Struktur und Funktionsweise der Musik **besser verstehen.**

Angst?

Klassische Musik ohne Noten zu erlernen ist fast unmöglich. Und genau das ist einer der Gründe, warum Musiker anderer Stilrichtungen vor Musik auf dem Papier zurückschrecken: Sie fürchten, es könnte einen ungewollten „klassischen Effekt" auf ihre Spielweise haben. Zitat gefällig, um die andere Seite zu zeigen? Phil Collins sagte einmal: „Sollte ich in meinem nächsten Leben wieder Musiker sein, würde ich als erstes Noten lesen lernen."*

Universal

Die Notenschrift ist universal. Denk dir ein Stück aus, schreibe einen Song oder komponiere eine Symphonie. Schreibe es auf, und Musiker aus aller Welt werden es spielen können, von Arkansas bis Zaire, egal, auf welchem Instrument.

Die ersten neun

Pocket-Info *Musiklehre* beginnt mit allem, was du wissen musst, um Noten und alles, was dazugehört, identifizieren zu können. In Kapitel 2 und 3 geht es darum, wie hoch oder tief die Noten klingen (Tonhöhe oder Pitch), wie lange sie dauern und wann genau sie gespielt werden müssen. Kapitel 4 bis 8 konzentrieren sich darauf, *wie* sie gespielt werden: laut, leise, schnell oder langsam, intensiv, rund oder fett, mit oder ohne Verzierungen usw. In Kapitel 9 geht es um Wiederholungen und Markierungen. Die Anleitung auf der nächsten Seite fasst zusammen, was wo zu finden ist.

Zehn bis vierzehn

Kapitel 10 bis 14 erklären dir das System, das hinter den Noten steckt. Zum Noten lesen benötigst du dieses Wissen eigentlich gar nicht, aber es sagt dir, wie alles funktioniert und wie logisch es in Wirklichkeit ist. Sobald du weißt, wohin eine Melodie geht, du den Unterschied zwischen Dur und Moll kennst und über ein Grundwissen der verschiedenen Tonarten, Tonleitern und Intervalle verfügst, fällt dir das Noten lesen und spielen ganz einfach leichter. Und

Drums & Percussion, Juli-August 1997

noch einmal: Wir haben es dir so einfach wie nur möglich gemacht – einfacher geht es nicht mehr.

Fünfzehn und weiter

Kapitel 15 bis 20 sind Extras, die dir die Grundlagen des Transponierens, metrische Akzente, ungewöhnliche Metren, Swing, Clave und Solmisation vermitteln. Außerdem geht es um Möglichkeiten, wie man Musik ohne Noten zu Papier bringen kann und um die Notenschrift für Schlagzeuger. Die beiden letzten Kapitel enthalten Tipps zur praktischen Notationslehre und eine kurze Geschichte der Notenschrift.

WEGWEISER
Die in den Kapiteln 2–9 behandelten Hauptthemen

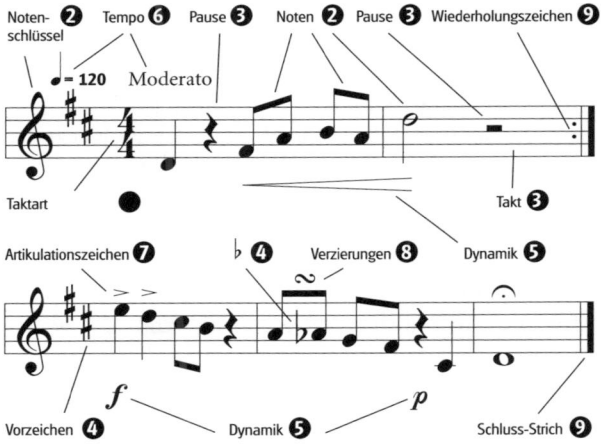

Notenschlüssel und Notensystem: **KAPITEL 2**

Je höher eine Note im System notiert wird, desto höher klingt sie: **KAPITEL 2**

Das Aussehen der Noten und Pausen verrät ihre Dauer: **KAPITEL 3**

Die Anzahl der Schläge pro Takt und welche Note einen Schlag lang dauert: **KAPITEL 3**

Mit ♯ und ♭ können Noten um einen Halbton erhöht oder erniedrigt werden: **KAPITEL 4**

Dynamikbezeichnungen sagen dir, ob du laut, leise oder dazwischen spielen sollst: **KAPITEL 5**

Tempoangaben sagen dir, wie schnell ein Stück gespielt werden soll: **KAPITEL 6**

Akzente und andere Artikulationsbezeichnungen zeigen,

wie eine Note „ausgesprochen"
werden soll: **KAPITEL 7**

Die Verzierungen findet man in:
KAPITEL 8

Wiederholungszeichen
sagen dir, dass du ein oder
zwei Takte wiederholen
sollst:
KAPITEL 9

Am Ende

Das Glossar am Ende des Buchs enthält kurze Erklärungen
der verwendeten Grundbegriffe und verweist auf die Seiten, auf denen das jeweilige Thema detaillierter dargestellt
ist. Ebenfalls enthalten ist eine Liste von Tonleitern und
mehrere nützliche Gedächtnishilfen, die man auswendig
kennen sollte.

Auswendig

Der Besitz von *Notenmaterial* verpflichtet durchaus nicht
zum *Spiel nach Noten*. Klassische Musiker spielen tatsächlich meistens nach Noten, aber auf Rock-, Blues- und Jazz-
bühnen wirst du nur selten einen Notenständer zu Gesicht
bekommen, und das sind nur drei Beispiele. Noten er-
möglichen dir, das zu spielen, was sich andere ausgedacht
haben. Aber ein Stück, das du ohnehin auswendig kannst,
klingt ohne Noten wahrscheinlich besser – du kannst dich
dann nämlich auf den Klang der Töne konzentrieren und
nicht nur darauf, welche Noten zu spielen sind …

Tasteninstrumente

Auf Tasteninstrumenten wie Klavieren, Synthesizern oder
Keyboards hat jede Note ihre eigene Taste. Das erleichtert
das Auffinden – und Spielen – der notierten Töne auf diesen Instrumenten gegenüber Instrumenten wie z. B. Trompete und Saxophon. In den weiter hinten im Buch verwendeten Beispielen wirst du häufig eine Tastatur abgebildet
sehen. Diese Beispiele sind mit einem Tasteninstrument
auch ohne Vorkenntnisse leicht spielbar. Ein kleines Minia-
turkeyboard kostet dich lediglich zwischen fünfundzwan-
zig und fünfzig Euro. Eine Melodica (ein Blasinstrument
mit kleiner Tastatur) wäre ebenfalls eine preiswerte Alternative.

Kompositionen und Stücke

Ein klassisches Musikstück wird normalerweise *Komposition* genannt. In anderen Musikstilen sind einige der am
häufigsten verwendeten Ausdrücke *Nummer*, *Song* oder

Stück. In diesem Buch wird in den meisten Fällen die neutrale Bezeichnung *Stück* verwendet, und zwar für Kompositionen jeder Stilrichtung. Eine *Stimme* oder ein *Part* enthält die Noten für ein spezifisches Instrument; alle Stimmen zusammen, eine über der anderen, von den Violinen über Bässe, Perkussion und Trompeten bis zu den Gesangsparts, bezeichnet man als *Partitur.*

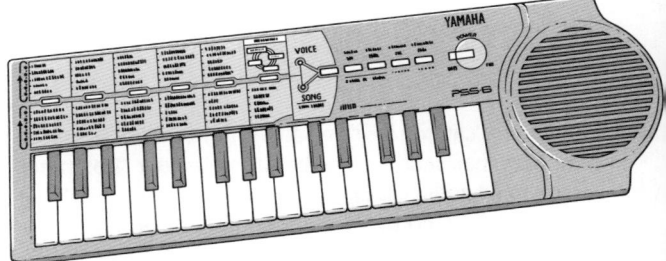

Ein kleines Keyboard wie dieses genügt zum Spielen der in diesem Buch enthaltenen Beispiele.

Morgen kommt der Weihnachtsmann

Dieses Buch beginnt mit *Morgen kommt der Weihnachtsmann* und einigen anderen bekannten Liedern. Warum? Ganz einfach, weil jeder sie kennt − und es viel einfacher ist, das Gelesene zu verstehen, wenn man bereits weiß, wie es klingt.

Westliche und nichtwestliche Musik

Musik kann auf unterschiedlichste Weise klassifiziert werden. Für dieses Buch ist lediglich die Klassifizierung in westliche und nichtwestliche Musik wesentlich. *Musiklehre* befasst sich mit der sogenannten westlichen Musik − Musik, die ihren Ursprung in Europa und den USA hat. Nichtwestliche Musik − sei es afrikanische, arabische oder asiatische − hört man in westlichen Ländern glücklicherweise immer häufiger, sei es in Reinform oder vermischt mit westlichen Elementen, was allgemein *Weltmusik* genannt wird. In vielen Fällen gelten für diese Musikstile andere Regeln, von einer anderen Notation bis hin zu völlig anderen Strukturen und Kompositionsweisen. Wir sind jedoch davon überzeugt, dass es letztendlich nur zwei Arten von Musik gibt, nämlich gute und schlechte − und für diesen weisen Spruch danken wir ganz herzlich dem verstorbenen Duke Ellington.

2. HOCH UND TIEF

Eine Gitarre klingt, weil ihre Saiten vibrieren. Beim Singen oder Sprechen vibrieren deine Stimmbänder. Trompeter lassen ihre Lippen vibrieren. Noten sind Klang, und Klang ist Vibration. Je schneller die Vibration, desto höher der Klang. Dieses Kapitel dreht sich um die Höhe der Töne: höhere Noten und tiefere Noten, wie sie heißen und wo du sie findest, sowohl auf der Tastatur als auch auf dem Papier.

Auf einem Keyboard oder Klavier werden die Noten höher, je weiter man sich nach rechts bewegt. Das ist deutlich zu hören, wenn du, wie im Beispiel unten, den Text von *Morgen kommt der Weihnachtsmann* auf die Tastatur überträgst. Möchtest du das Stück gerne spielen? Spiel für jede Silbe die Taste, auf der sie geschrieben steht. Wenn du dich nach rechts bewegst, werden die Töne höher. Gehe nach links zurück (nach dem Wort „Weihnachts-") und sie werden tiefer.

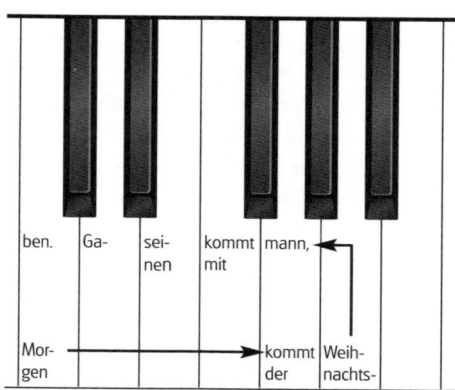

Morgen kommt der Weihnachtsmann: Jede Silbe ist eine Note.

Schneller ist höher

Je schneller etwas vibriert, desto höher ist die Note, die erklingt. Je höher du singst, desto schneller vibrieren deine
Stimmbänder. Je kürzer du die Gitarrensaite durch Greifen
auf den Bünden machst, desto schneller wird sie vibrieren
und desto höher ist die Note.

Die Oktave

Erinnerst du dich daran, wie du Do, Re, Mi, Fa, So, La, Si,
Do gelernt hast? Singst du diese Silben so, wie man es dir
beigebracht hat, dann klingt das letzte Do eine *Oktave*
höher als das erste. Bei dieser Note vibrieren deine Stimmbänder doppelt so schnell wie bei der ersten.

Greifst du, wie auf der nächsten Seite dargestellt, eine Gitarrensaite im zwölften Bund, dann wird sie doppelt so
schnell vibrieren als wenn du die Saite leer spielst. Das Ergebnis? Eine Saite, die genau doppelt so schnell vibriert,
klingt eine Oktave höher.

Auf einem Tasteninstrument findest du eine Oktave, indem du eine Note spielst und dann genau zwölf Tasten
nach rechts zählst, und zwar sowohl weiße wie schwarze.
Diese Note ist eine Oktave höher.

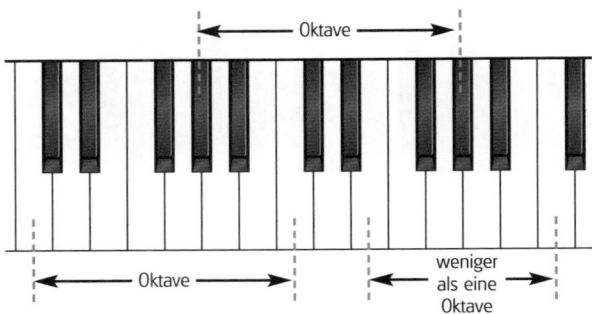

Oktaven auf einer Tastatur

Das Verschmelzen

Spielst du diese beiden Oktav-Noten nacheinander, hörst
du deutlich, dass die linke tiefer als die rechte ist. Spielst du
sie dagegen gleichzeitig, dann wird es plötzlich viel schwerer, die beiden Noten voneinander zu unterscheiden. Sie
scheinen ineinander zu verschmelzen.

Gruppen

Grundsätzlich haben Tasteninstrumente immer mehr als eine Oktave. Die Tastatur ist immer in dem selben regulären Muster angelegt. Man sieht bereits auf einen Blick, dass Gruppen von jeweils zwei bzw. drei schwarze Tasten einander abwechseln.

Weiße Tasten

Jede Oktave besteht aus zwölf Noten unterschiedlicher Tonhöhe. Die weißen Tasten werden mit Buchstaben des Alphabets bezeichnet: C, D, E, F, G, A und B. Diese Töne nennt man *Stammtonreihe*. Übrigens: Der Ton B heißt im Deutschen H. In diesem Pocket-Info verwenden wir immer die internationale Bezeichnung B.

Ganz- und Halbtöne

Geht man auf der Tastatur von Taste zu Taste, dann ist jeder nächste Ton einen *Halbton* höher oder tiefer. Wenn du dasselbe machst und dabei jedoch immer eine weiße oder schwarze Taste auslässt, dann spielst du Ganztöne.

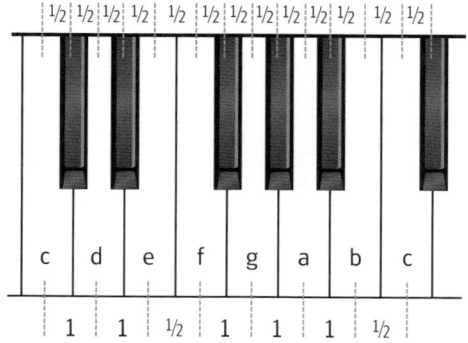

Von Taste zu Taste: Halbtöne

Ganz- und Halbtöne auf der Gitarre

Ganz- und Halbtöne oder *Tonschritte* auf der Gitarre zu spielen, ist ebenfalls einfach. Rutsche mit deinem Finger von Bund zu Bund in Richtung des Korpus, und du bewegst dich in Halbtonschritten nach oben. Überspringe einen Bund, und was du hörst, liegt einen Ganzton oder Ganztonschritt höher.

Das A

Wenn du eine gestimmte Gitarre zur Hand nimmst und den Ton A spielst, zu dem die meisten Musiker ihre Instrumente stimmen, dann vibriert die Saite 440mal pro Sekunde. Offiziell ausgedrückt: dieses A entspricht 440 Hertz (Hz). Der Ton A eine Oktave tiefer vibriert halb so schnell, mit 220 Hz und das A eine Oktave höher doppelt so schnell mit 880 Hz – und so weiter. Beim Singen dieser Töne vibrieren auch deine Stimmbänder mit diesen Geschwindigkeiten, ob du es glaubst oder nicht.

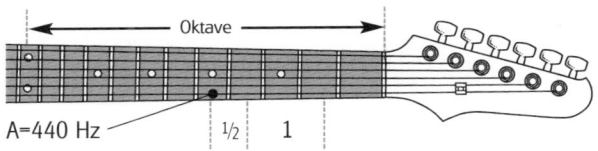

Ganztonschritte, Halbtonschritte, eine Oktave und A=440 Hz auf einer Gitarre

AUF DEM PAPIER

Ein Musikstück auf dem Papier zeigt dir die Höhe und Tiefe der Töne sowie ihre Dauer.

Das Notensystem

Zum Schreiben der Noten benutzt man das *Notensystem*: eine Reihe von fünf horizontalen Linien. Man zählt sie von unten nach oben, so dass die oberste Linie der fünften Linie entspricht. Auf einem Notensystem kann man sich in drei Richtungen bewegen: nach oben, nach unten und nach rechts. Je höher eine Note im System notiert ist, desto höher klingt sie auch. Das ist ganz einfach. Man liest und spielt die Töne von links nach rechts, wie bei einem Text. Auch das ist einfach. Die Noten selbst (hohl, ausgefüllt, mit oder ohne Fähnchen …) sagen dir, wie lange sie auszuhalten sind. Mehr darüber in Kapitel 3.

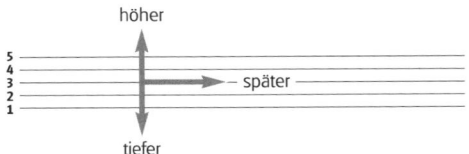

Nach oben, nach unten und nach rechts

Morgen kommt der Weihnachtsmann auf dem Papier

Das folgende Beispiel zeigt dir, wie *Morgen kommt der Weihnachtsmann* notiert aussieht. Steigt die Melodie an, gehen auch die Noten im System nach oben. Und wenn die Melodie fällt (ab „-mann"), gehen auch die geschriebenen Noten nach unten.

Musik auf dem Papier: je höher die Note, desto höher die Tonhöhe.

Linien und Zwischenräume

Im Notensystem werden die Noten entweder
- auf den Linien notiert – dann läuft die Linie durch die Note –
- oder in den Zwischenräumen zwischen den Linien, also über oder unter den Linien.

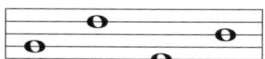
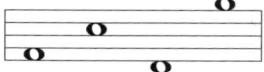

Noten auf den Linien,   zwischen, unter oder über den Linien.

Elf Noten

Auf diese Weise passen elf Noten in das Notensystem

Elf Noten im Notensystem

Achtundachtzig Noten

Auf einer Bassgitarre kann man sehr tiefe Töne spielen, und ein Geiger spielt hohe Töne. Die meisten Pianos haben achtundachtzig Tasten, die alle notiert werden müssen. Es gibt also ein Problem: Diese elf Noten auf diesem einzelnen

System genügen nicht. Aber es gibt auch eine Lösung. Das heißt, eigentlich drei: *Hilfslinien, Notenschlüssel* und *Oktavierung*.

Hilfslinien

Hilfslinien erweitern das Notensystem nach oben und unten. Jede Note, die für das Notensystem zu hoch oder zu tief ist, erhält ihre eigene Hilfslinie.

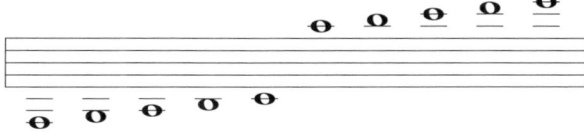

Noten auf Hilfslinien

Notenschlüssel

Hilfslinien sind zwar nützlich, aber bei drei und mehr davon wird das Noten lesen ziemlich mühsam. Als Alternative verwendet man zwei Notensysteme, eines für die hohen Töne und eines für die tiefen. Diese Systeme können ganz einfach durch den *Notenschlüssel* identifiziert werden: einem Symbol am Anfang der Zeile. Das Notensystem für die hohen Töne beginnt mit dem sogenannten *G-Schlüssel*, der aus vielen Windungen besteht. Das Notensystem für die tiefen Töne hat einen *F-Schlüssel*, der wie ein großes Komma aussieht.

G- oder Violinschlüssel   **F- oder Bassschlüssel**

G-Schlüssel oder Violinschlüssel

Der G-Schlüssel verdankt seinen Namen seiner Windung um die Note G. Diese Note liegt gleich rechts von der Mitte einer Klaviertastatur. Den G-Schlüssel verwendet man für hohe Instrumente wie Gitarren, Violinen, Trompeten und auch Sänger/Sängerinnen mit höheren Stimmen (Tenöre und aufwärts). Deshalb heißt er auch *Violinschlüssel*.

F-Schlüssel oder Bassschlüssel

Der F-Schlüssel dieses Notensystems hat zwei Punkte über und unter der Note F. Dieses F liegt ein wenig links von der

Mitte der Tastatur. Der F-Schlüssel heißt auch *Bassschlüssel*. Musik für tiefere Instrumente wie Posaune, Bassgitarre und Tuba wird im F-Schlüssel notiert, ebenso die Parts für die tieferen Stimmlagen wie Bariton und Bass.

Noten und Tasten

Hier kannst du sehen, welche Tasten welchen Noten entsprechen. Das C in der Mitte liegt in der Mitte der Tastatur. Jawohl, es heißt auch *mittleres* bzw. *eingestrichenes C*. Diese Note wird immer auf einer Hilfslinie notiert.

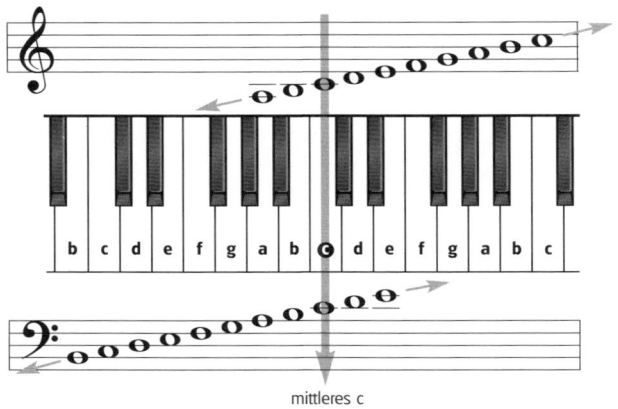

mittleres c

Die Stammtonreihe im F- und G-Schlüssel.

Meist genügt ein System

Anfangs ist es ein wenig verwirrend, dass dieselben Töne im jeweiligen Notensystem auf unterschiedlichen Linien liegen. Im G-Schlüssel ist zum Beispiel die Note auf der zweiten Linie ein G. Im F-Schlüssel findet man an derselben Stelle ein B.

Pianisten lesen gleichzeitig zwei Notensysteme: Hier ein wenig Salsa für fortgeschrittene Pianisten.

Glücklicherweise genügt für die meisten Instrumente das Erlernen *eines* Notensystems. Beide Systeme müssen nur für Instrumente mit einem großen Tonumfang, wie Piano, Keyboard und Harfe, erlernt werden.

Andere Notenschlüssel

G- und F-Schlüssel sind nicht die einzigen Notenschlüssel. Musik für Bratsche wird z. B. im *C-Schlüssel* oder *Bratschenschlüssel* notiert. Wäre das nicht der Fall, dann müssten Bratscher sowohl den G- als auch den F-Schlüssel lesen können, da sich der Tonumfang ihres Instruments über beide Notensysteme erstreckt.

Eine Oktave höher oder tiefer

Die dritte Notationsweise für sehr hohe oder sehr tiefe Töne ist erstaunlich simpel: Man gibt lediglich an, dass eine bestimmte Anzahl von Noten entweder eine Oktave höher oder tiefer gespielt werden soll. Die offizielle Bezeichnung? *Oktavierung.* Hier gibt es hauptsächlich zwei Abkürzungen:

- 8va (*ottava*): spiele von hier an jede Note eine Oktave höher.
- 8va bassa oder 8vb (*ottava bassa*): spiele von hier an jede Note eine Oktave tiefer.

Siehst du statt der 8 eine 15, spielst du alle Noten *zwei* Oktaven höher oder tiefer.

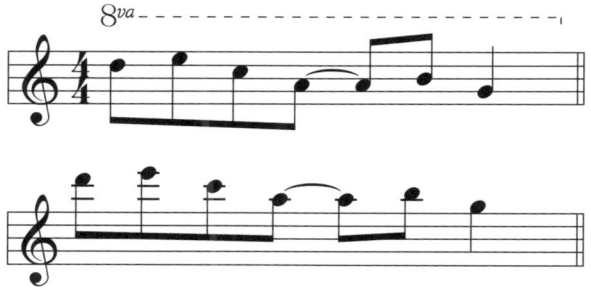

The Entertainer. Dasselbe Stück, zwei Notationsweisen: die erste mit Oktavierung, die zweite unter Verwendung von Hilfslinien.

Loco

8va und *8va bassa* zeigen also an, dass die Noten oktaviert werden müssen. Die Dauer der Oktavierung wird durch eine gepunktete Linie über den jeweiligen Noten angezeigt. Wahlweise kannst du auch eine Oktave höher oder tiefer weiterspielen, bis das Wort *loco* (auf italienisch an Ort und Stelle) erscheint.

Transponieren

Auf vielen Blasinstrumenten erklingt eine andere Note als die, die dasteht. Ein Beispiel: Enthält die Stimme eines Tenorsaxophonisten ein A, dann ist der Ton, den man tatsächlich hört, ein G. Das Saxophon ist, wie die meisten Blasinstrumente, ein sogenanntes *transponierendes Instrument*. Mehr darüber in Kapitel 15. Bei nichttransponierenden Instrumenten sagt man dagegen, sie werden *klingend* notiert.

Übrigens klingen Gitarren und Bässe eine Oktave tiefer als notiert. Da die Note aber dieselbe bleibt (ein C wird einfach zu einem tiefen C), spricht man in diesem Fall nicht von transponierenden Instrumenten.

Weitere Bezeichnungen

In diesem Kapitel wurden die Noten mit Buchstaben bezeichnet. Dies ist aber nicht die einzige Bezeichnung. Eine andere Möglichkeit ist die auf Seite 8 erwähnte Serie Do, Re, Mi. Du kannst aber auch römische Ziffern (I, II, III) verwenden. Falls du mehr über diese anderen Bezeichnungen wissen möchtest, gehe zu Kapitel 17.

3. LANG UND KURZ

Die Position der Note im Notensystem zeigt dir, welche Note zu spielen ist. Das Aussehen der Note verweist dagegen auf ihre Dauer. Die senkrechten Linien im Notensystem teilen die Musik in einzelne Takte auf. Dieses Kapitel dreht sich um Takte und Metren, ganze und halbe Noten, Viertelnoten und noch kürzere Noten sowie um Pausen, Punkte und Bindungen.

Egal, ob du Drum'n'Bass, Jazz, Country oder klassische Musik hörst, fast immer kannst du mit dem Fuß den Takt dazuklopfen. Nach mehrmaligem Klopfen hörst du immer wieder eine Art Betonung. Ein Beispiel? Sing einfach die folgenden Songs:

Mer - ri **ly** - we **roll** a **long.**

My **Bon** - ny lies **o** - ver the **o** - cean.

Uumpa
Die Akzente in *Merrily We Roll Along* unterteilen den Song in Gruppen von zwei Schlägen. *My Bonny* ist in Dreiergruppen unterteilt. Diese Unterteilungen geben der Musik Regelmäßigkeit und Rhythmus. Du fühlst es, wenn du dazu tanzt: zu *uumpa uumpa* bewegst du dich anders als zu *uumpapa uumpapa*.

Takte
Musik wird meistens in Gruppen von zwei, drei, vier oder mehr Schlägen aufgeteilt. Jede Gruppe heißt *Takt*.

DIE NOTEN
Viele Stücke haben Takte aus vier Schlägen, wobei jeder Schlag einer *Viertelnote* entspricht. Vier Viertelnoten ent-

sprechen einer *ganzen Note*. In einem solchen Musikstück dauert eine ganze Note so lange wie ein ganzer Takt. Übrigens auch zwei halbe Noten usw. Die folgenden Beispiele mit ganzen und halben Noten, Viertelnoten und noch kürzeren Noten basieren auf einem solchen Musikstück: einem Stück im $\frac{4}{4}$-Takt, wie man sagt. Mehr über $\frac{4}{4}$ später.

Die ganze Note: vier Schläge in $\frac{4}{4}$

Die längste Note, die in einem solchen Takt aus vier Schlägen gespielt werden kann, ist die *ganze* Note. Die *ganze* Note füllt den gesamten Takt. Um eine ganze Note auf der Tastatur zu spielen, musst du die Taste ganze vier Schläge lang gedrückt halten. Auf einem Blasinstrument bläst du vier Schläge lang. Das Klopfen mit dem Fuß, einmal pro Schlag, hilft dir beim Auszählen der Note.

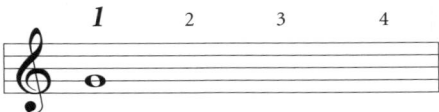

Eine ganze Note hat eine Dauer von vier Schlägen.

Die halbe Note: zwei Schläge in $\frac{4}{4}$

Die *halbe Note* dauert halb so lang: zwei Schläge. Zwei davon füllen einen Takt mit vier Schlägen aus. Drücke die Taste, blase oder spiele die Saite deines Instruments zwei Schläge lang.

Eine halbe Note hat eine Dauer von zwei Schlägen.

Die Viertelnote: ein Schlag in $\frac{4}{4}$

Eine Note, die eine Dauer von einem Schlag hat, heißt *Viertelnote*. Beim Klopfen mit dem Fuß spielst du also pro Klopfen eine Note.

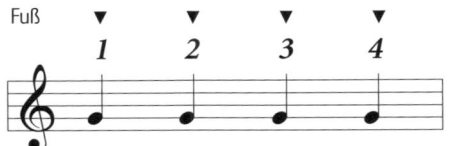

Eine Viertelnote hat eine Dauer von einem Schlag.

Die Achtelnote

Ein Schlag enthält zwei Achtelnoten: eine beim Klopfen, und die andere, während du den Fuß hebst. Mit anderen Worten, die erste Note kommt *auf* dem Schlag, die zweite *zwischen* den Schlägen. Das laute Zählen der Achtelnoten kann auf verschiedene Weise erfolgen.

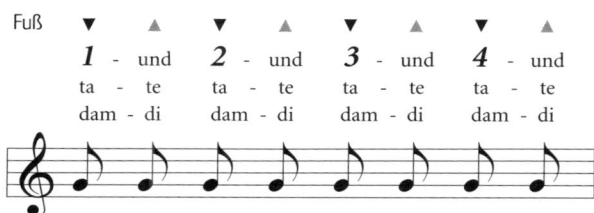

Eine Achtelnote hat die Dauer eines halben Schlags.

Die Sechzehntelnote

Ein Schlag hat vier *Sechzehntelnoten.* Sechzehntelnoten erklingen zweimal so schnell wie Achtelnoten. Auch bei Sechzehntelnoten gibt es verschiedene Zählweisen. Einige Beispiele?

Eine Sechzehntelnote hat die Dauer eines Viertels von einem Schlag.

Köpfe, Hälse und Fähnchen

Die Dauer einer Note nennt man den *Notenwert*. Um die Dauer einer Note exakt anzuzeigen, werden drei Teile verwendet: Köpfe, Hälse und Fähnchen.

Die Note		Die Länge in $\frac{4}{4}$
	Die ganze Note – hohler Kopf	vier Schläge
𝐨		

Die Note		Die Länge in $\frac{4}{4}$
♩ (halbe Note)	Die halbe Note – hohler Kopf mit Hals	zwei Schläge
♩ (Viertelnote)	Die Viertelnote – ausgefüller Kopf mit Hals	ein Schlag
♪ (Achtelnote)	Die Achtelnote – ausgefüllter Kopf, Hals und Fähnchen	halber Schlag
♬ (Sechzehntelnote)	Die Sechzehntelnote – ausgefüllter Kopf, Hals und zwei Fähnchen	Viertel eines Schlags

The Entertainer

In *Morgen kommt der Weihnachtsmann* (Seite 18) ist die kürzeste Note eine Viertelnote. In *The Entertainer* und vielen anderen Songs kommen auch Achtelnoten vor.

Achtelnoten und eine Viertelnote.

TAKTE UND METREN

The Entertainer besteht wie alle anderen Songs aus einer Anzahl von Takten. Wie in *Morgen kommt der Weihnachtsmann* dauert auch hier jeder Takt exakt vier Schläge an. Die Takte erkennst du an den *Taktstrichen*: den senkrechten Strichen im Notensystem.

Taktvorgabe und Metrum

Die Anzahl der Schläge pro Takt muss nicht gezählt werden, denn sie wird immer am Anfang des Notensystems angezeigt. Hier siehst du, dass $\frac{4}{4}$ angegeben ist, was ganz normal „vier Viertel" ausgesprochen wird. Dies ist die *Taktvorgabe*. Sie gibt die Länge der Takte an. Besonders die Taktvorzeichnung $\frac{4}{4}$ ist in der westlichen Musik sehr geläufig.

Der Vier-Viertel-Takt

In einem Stück in vier Viertel hat jeder Takt die Dauer von vier Viertelnoten: vier Viertel ergeben einen ganzen Takt. Ein solcher Takt kann vier Viertelnoten enthalten, aber ebenso eine ganze Note oder zwei Viertelnoten und eine halbe Note usw. Wichtig ist nur, dass am Ende $\frac{4}{4}$ herauskommen. Ein Beispiel? Eine halbe Note + eine Viertelnote + zwei Achtelnoten ergeben einen $\frac{4}{4}$-Takt: $\frac{1}{2} + \frac{1}{4} + \frac{2}{8} = \frac{4}{4}$.

Wie viele und wie lange

Die obere Ziffer der Taktvorgabe gibt die Zahl der Schläge pro Takt an. In einem Stück im $\frac{4}{4}$-Takt enthält ein Takt immer vier Schläge. Die untere Ziffer gibt an, welche Note der Dauer eines Schlags entspricht. In diesem Fall ist es eine Viertelnote. Das bedeutet, dass du das Stück in Viertelnoten zählst: die Viertelnote ist die *Zähleinheit*.

Der Dreivierteltakt

My Bonny Lies Over The Ocean hat pro Takt nicht etwa vier, sondern nur drei Viertelnoten. Die Taktvorgabe ist demnach drei Viertel, so dass man auch von einem *Dreiermetrum* spricht. Wenn du mit dem Fuß zur Musik klopfst, erhält der erste Schlag im Takt eine leichte Betonung, ganz so wie auf Seite 13.

My Bonny – im Dreivierteltakt.

Takt für Takt

Neben Taktvorzeichnungen mit $\frac{4}{4}$ und $\frac{3}{4}$ gibt es auch noch welche mit zwei Schlägen pro Takt, wie z. B. in $\frac{2}{4}$, oder fünf, wie in $\frac{5}{4}$. Des Weiteren existieren Taktvorzeichnungen mit anderen Zähleinheiten. Der Achtelnote z. B., wie im $\frac{6}{8}$, wo du den Gegenwert von sechs Achtelnoten pro Takt findest. Im $\frac{6}{8}$-Takt entspricht jede Achtelnote einem Schlag und

eine Viertelnote zwei Schlägen. Mehr über Taktvorzeichnungen findest du in Kapitel 16.

C und ¢

Anstelle von ⁴⁄₄ wird auch häufig das Symbol C verwendet.
Das Symbol ¢ ist eine weitere Schreibweise für ²⁄₂, auch
Alla breve genannt. Ein ²⁄₂-Takt kann wie der normale ⁴⁄₄ vier
Viertelnoten enthalten. Der Unterschied besteht lediglich
darin, dass du im ²⁄₂ die halben Noten statt der Viertelnoten
zählst; im ²⁄₂ entspricht eine halbe Note einem Schlag.

BALKEN

Eine lange Reihe von Achtel- oder Sechzehntelnoten kann
ganz schön verwirrend aussehen. Selbst bei einfachen Stücken wie diesem, ist eine solche Menge an Fähnchen sehr
unübersichtlich:

**Ein leichtes Stück, aber wegen der vielen Fähnchen schwer zu lesen.
Die Lösung? Balken. Mit Balken kannst du Achtel- und Sechzehntelnoten und noch kürzere Notenwerte zusammenfassen. Das Ergebnis ist viel
übersichtlicher.**

Das gleiche Stück mit Balken: Es ist wesentlich leichter zu lesen.

Mitzählen

Die Balken erzeugen kleine Bündel aus Gruppen kurzer Noten. Wenn du mit dem Fuß zur Musik klopfst, wirst du merken, dass die erste Note der Gruppe mit dem Klopfen deines Fußes zusammenfällt. Auch das erleichtert das Lesen.

Balken = Fähnchen

Ein Balken hat denselben Wert wie ein Fähnchen. Eine Achtelnote hat ein Fähnchen. Zwei Achtelnoten werden deshalb mit einem Balken verbunden. Sechzehntelnoten, die zwei Fähnchen haben, werden mit einem Doppelbalken verbunden.

All diese Notenreihen haben in $\frac{4}{4}$ die Dauer von vier Schlägen. Vier Viertel füllen zusammen einen ganzen $\frac{4}{4}$-Takt aus. Dasselbe gilt für acht Achtel- und sechzehn Sechzehntelnoten.

Einzel- und Doppelbalken

Einzel- und Doppelbalken können auch miteinander kombiniert werden. In den folgenden Beispielen hat jede Notengruppe zwei Sechzehntel und ein Achtel. Jede Figur entspricht der Dauer einer Viertelnote. Und schließlich, für alle, die Mathe genau so lieben wie die Musik: $\frac{2}{16} + \frac{1}{8} = \frac{1}{4}$.

♪♪♪ = ♪♪♪   ♪♪♪ = ♪♪♪

Zwei rhythmische Figuren, die Einzel- und Doppelbalken miteinander verknüpfen.

Weniger Balken für Sänger

Notenmaterial für Sänger enthält häufig weniger Balken als Noten für andere Musiker; viele Sänger lesen gerne für jede gesungene Silbe eine separate Note.

Noch kürzere Noten

Bisher hast du die Sechzehntelnote als kürzeste Note kennen gelernt, aber es gibt auch Zweiunddreißigstel, Vierundsechzigstel oder Hundertachtundzwanzigstel. Man sieht sie aber nicht so häufig, und warum das so ist, wirst du gleich merken.

Vierundsechzigstel: sechzehn Noten auf eine Viertelnote ...

PAUSEN

In den obigen Beispielen fielen auf einen Schlag immer eine oder mehrere Noten. Musik besteht jedoch nicht nur aus Noten. Die *Pausen* sind genauso wichtig, denn die Stille kommt gleich nach dem Klang. Eine Pause bedeutet, dass du einen Moment lang zu spielen aufhörst. Und wie bei den Noten, so gibt es auch hier ganze, halbe, Viertel- und noch kürzere Pausen.

Klötze und Fahnen

Im $\frac{4}{4}$ hat die ganze Pause, ebenso wie die ganze Note, eine Dauer von vier Schlägen. Diese Pause sieht wie ein kleiner Klotz aus, der von der vierten Linie nach unten hängt. Die halbe Pause ist derselbe Klotz, nur dass er auf der dritten Linie liegt. Leicht zu merken: Der ganze Schinken *hängt*, der halbe *liegt* auf dem Tisch. Die Viertelpause ist ein ganz spezielles Zeichen. Die kürzeren Pausen, angefangen mit der Achtelpause, erhalten Fahnen; je mehr Fahnen, desto kürzer die Pause.

Symbol	Name	dauert so lange an wie		dauert so lange wie
ganze Pause	ganze Note	vier Schläge
halbe Pause	halbe Note	zwei Schläge
Viertel-pause	Viertelnote	ein Schlag
Achtel-pause	Achtelnote	halber Schlag
Sechzehn-telpause	Sechzehn-telnote	ein Viertelschlag

Die Pausen

Achtundvierzig Takte

Wenn du, sagen wir mal, achtundvierzig Takte lang pausieren sollst, wird der Komponist kaum achtundvierzig Takte mit ganzen Pausen notieren. Stattdessen wirst du ein spezielles Pausensysmbol sehen, über dem die Anzahl der Takte notiert ist. Perkussionisten im Sinfonieorchester oder Bläser in der Big Band haben oft so lange Pausen – und manchmal sogar noch längere.

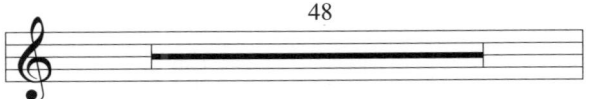

Eine Pause von achtundvierzig Takten

PUNKTE UND HALTEBÖGEN

Bisher hast du gesehen, dass für Noten und Pausen aus vier Schlägen, zwei Schlägen usw. verschiedene Symbole verwendet werden. Andere Notenwerte – z. B. drei Schläge, oder anderthalb – können auf zweierlei Arten notiert werden: mit *Punkten* oder *Bögen*.

Punkte

Noten können durch einen Punkt verlängert werden. Ein Punkt verlängert die Note um die Hälfte ihres Wertes.

31

Zwei + Eins = Drei

Eine Note aus zwei Schlägen dauert anderthalb mal zwei Schläge an – also drei Schläge. Eine *punktierte* Note aus einem Schlag hat die Dauer von anderthalb Schlägen. Und so weiter.

3 Schläge =	$1^1/_2$ Schläge =	$^3/_4$ Schläge =
2 + 1 Schlag	1 + $^1/_2$ Schlag	$^1/_2$ + $^1/_4$ Schlag

Der Punkt verlängert die Note um die Hälfte ihres Wertes.

Hoch soll er leben

Hoch soll er leben ist ein Beispiel für ein Stück mit punktierten Achtelnoten.

Hoch soll er le - ben, hoch soll er le - ben,

drei - mal noch.

Hoch soll er leben mit punktierten Achtelnoten.

Doppelte Punktierung

Zwei Punkte hinter einer Note? Das kann bisweilen vorkommen. Der zweite Punkt bezieht sich dann auf den ersten. So hat die doppelpunktierte Halbe die Dauer von zwei + einem + einem halben Schlag, was dreieinhalb Schläge ergibt.

Punktierte Pausen

Auch Pausen können punktiert sein. Eine Viertelpause (ein Schlag) mit einem Punkt bedeutet, dass du anderthalb Schläge lang pausierst.

Eine punktierte Viertelnote hat die Dauer von anderthalb Schlägen. Eine punktierte Achtelpause von drei Sechzehnteln eines Schlags.

Haltebögen

Noten können auch einfach durch *Haltebögen* miteinander verbunden werden. Auf diese Weise kann man alle möglichen Notenwerte darstellen. Werden zwei Noten durch einen Bogen miteinander verbunden, wird die zweite Note einfach weiter gehalten und nicht separat angespielt. Werden zwei Noten unterschiedlicher Tonhöhe auf diese Weise miteinander verbunden, spricht man nicht von einem Halte-, sondern von einem *Bindebogen*.

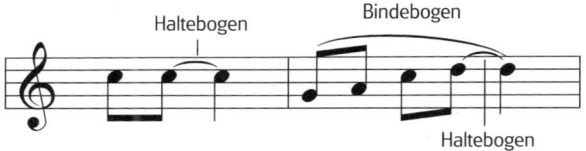

Um ihre Dauer zu verlängern, können Noten mit Haltebögen versehen werden.

Punkte oder Haltebögen?

Punktierte Noten sind leichter zu lesen als gehaltene. Aber mit Haltebögen kann man Dinge machen, die mit Punkten nicht gehen. Zwei Beispiele gefällig? Mit Haltebögen kann man eine Note in den nachfolgenden Takt hinüber halten. Und mit Haltebögen kann man die Noten, wie oben gezeigt, zweieinhalb oder viereinhalb Schläge lang aushalten. Mit Punkten ist die Anzahl der Möglichkeiten beschränkt.

Mit Bögen kann man Noten unterschiedlichster Längen notieren.

TRIOLEN UND ANDERE -OLEN

Bisher haben wir die Noten nur durch zwei geteilt; eine ganze Note in zwei halbe, eine halbe Note in zwei Viertel usw. Aber es gibt natürlich noch weitere Möglichkeiten. Man kann Noten durchaus in drei Teile teilen oder z. B. in sechs.

Triolen

Teilt man eine Viertelnote durch zwei, erhält man zwei Achtelnoten. Teilt man sie durch drei, erhält man drei Ach-

telnoten; eine solche Gruppierung nennt man *Achteltriolen*. Das bedeutet, man spielt drei Achtelnoten in derselben
Zeit, die man normalerweise für zwei Achtel benötigt. Triolen erkennst du an der 3, die in der Mitte einer Triolen-
gruppe über den Noten notiert wird.

eins - und - e   zwei - und - e   drei - und - e   vier - und - e
Mex - i - ko   Mex - i - ko   Mex - i - ko   Mex - i - ko

Achteltriolen: Jeder Schlag wird durch drei geteilt.

Sechzehnteltriolen

Sechzehnteltriolen bildet man, indem man Achtelnoten
durch drei teilt; d. h. du spielst drei Sechzehntel in der Zeit,
die du normalerweise für zwei benötigst. Sechzehnteltriolen werden häufig mit „regulären" Achteln kombiniert.

**Zwei häufige Kombinationen: eine Achtelnote, gefolgt von einer Sech-
zehnteltriole und umgekehrt.**

Nicht immer alle drei

Nicht immer werden alle drei Töne einer Triole gespielt. In
den folgenden Beispielen ist es die erste und dritte oder die
zweite und dritte Note.

ist dasselbe wie

**Zwei Methoden, eine Triole anzuzeigen, bei der nur die erste und die
dritte Note gespielt wird.**

... nur die zweite und dritte

Sextolen

Eine Viertelnote, geteilt durch sechs: Sextole

Noten können auch durch sechs geteilt werden: die *Sextole*. Die ersten drei Buchstaben von Sextole stehen für „sechs", wie bei dem Wort Sextett: einer Gruppe von sechs Musikern.

Dadada oder Dada

Zwei Sechzehnteltriolen sehen fast genauso aus wie eine Sextole. Aber es *gibt* einen Unterschied. Zwei Sechzehnteltriolen werden eher wie zwei Dreiergruppen gespielt (DadadaDadada), während eine Sextole eher wie drei Zweiergruppen klingt (DadaDadaDada).

Der Unterschied zwischen zwei Sechzehnteln und einer Sextole.

Asymmetrisch

Triolen sind *asymmetrische* Figuren. Westliche Ohren sind in erster Linie an durch zwei teilbare Noten gewöhnt. Da Triolen deutlich anders klingen, fühlen sie sich so an, als gingen sie „gegen den Rhythmus". Es gibt noch viele andere Arten asymmetrischer Figuren, wie die seltene *Quintole* (eine durch fünf geteilte Note) und die *Septole* (durch sieben).

Quintole und Septole

AUFTAKT

Die Takte werden immer ganz ausgefüllt. Bei einem Stück in ¼ enthält jeder Takt eine Kombination aus Noten und Pausen, deren Endsumme dem Gegenwert von vier Vierteln entspricht. In einem ¾-Takt dauern alle Noten und

Pausen zusammen exakt so lange wie drei Viertelnoten an. Und so weiter.

Restnoten

Zu dieser Regel gibt es eine einzige Ausnahme: Der allererste Takt eines Stücks kann möglicherweise nicht ausgefüllt sein. Nicht wenige Kompositionen beginnen mit einer Art Schritt, der zum ersten Schlag des nächsten Takts führt. Diesen Takt, der aus einer oder mehreren Noten bestehen kann, heißt *Auftakt*.

My Bonny Lies Over The Ocean (siehe Seite 23) beginnt mit einem Auftakt.

Der letzte Takt

Beginnt ein Stück mit einem Auftakt, der einen Schlag andauert, dann hat der letzte Takt häufig nur drei Schläge. Auf diese Weise ergeben der erste und der letzte Takt zusammen einen ganzen Takt.

Die ♩ am Anfang des Notensystems ist die einzige Note in diesem Auftakt. Beim Zählen beginnst du erst mit dem ersten Schlag des zweiten Taktes.

4. VORZEICHEN UND VERSETZUNGSZEICHEN

Die in Kapitel 2 behandelte Stammtonreihe enthält nur sieben der zwölf Noten einer Oktave. Die Namen der anderen fünf Noten sind von den Tönen der Stammtonreihe abgeleitet. Tatsächlich handelt es sich dabei um Stammtöne, die um einen Halbton erhöht oder erniedrigt wurden. Nachfolgend ein Kapitel über ♯ und ♭.

Mit Hilfe der letzten beiden Kapitel kannst du jetzt *Morgen kommt der Weihnachtsmann* lesen und spielen. Deine Ohren sagen dir, ob du es richtig oder falsch machst.

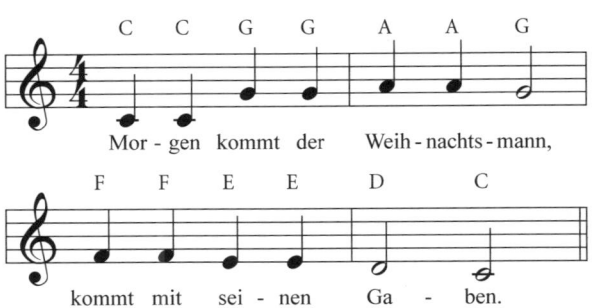

Morgen kommt der Weihnachtsmann

Von C zu C

Morgen kommt der Weihnachtsmann beginnt mit einem C. Zur nächsten Note, dem G, gehst du vier weiße Tasten nach oben. Von dort gehst du die weißen Tasten Taste für Taste nach unten, bis du wieder auf dem C endest.

Von F nach F

Das Leben wäre ziemlich eintönig, wenn jedes Musikstück mit C beginnen und enden würde. Warum also nicht *Morgen kommt der Weihnachtsmann* mit einer anderen Note beginnen lassen? F zum Beispiel. Mach einfach dieselben Schritte wie im Beispiel oben. Du beginnst auf dem F, springst fünf weiße Noten nach rechts (zum C), und dann gehst du wieder die weißen Noten nach unten. Und genau da passiert etwas Merkwürdiges …

Morgen kommt der Weihnachtsmann, beginnend mit F. Das B auf „kommt mit" klingt zu hoch.

B B♭ oder H?

Für diejenigen, die sich wundern, dass über der Note H ein B steht, folgt nun eine Erklärung. Falls dich das nicht wundert, überspring die folgenden Zeilen und lies beim nächsten Absatz weiter. *B* ist die internationale Bezeichnung für den Ton, der im Deutschen *H* heißt. Das deutsche *B* wird international als *B♭* notiert. In allen Pocket-Infos wenden wir die internationale Schreibweise an.

international	deutsch
B	H
B♭	B

Erniedrigen einer Note

Wenn du das Stück so spielst, wirst du hören, dass eine Note nicht paßt. Das B auf dem Text „kommt mit" ist zu hoch. Die Lösung? Erniedrige das B um einen Halbton, dann wird es genau richtig klingen. Auf der Tastatur spielt man das erniedrigte B mit der schwarzen Taste links vom B.

Eine Taste nach links: ♭

Das erniedrigte B wird mit einem b (♭) angezeigt und B♭ genannt. Beim Erniedrigen einer Note geht man auf der Tastatur einfach eine weiße oder schwarze Taste nach links. Diese Note klingt dann einen Halbton tiefer. Hier nochmals *Morgen kommt der Weihnachtsmann*, beginnend mit F und jetzt mit einem B♭, damit es richtig klingt.

Morgen kommt der Weihnachtsmann, **beginnend mit F. Das ♭ macht aus jedem B ein B♭.**

Die anderen ♭

Die restlichen Stammtöne können auf genau dieselbe Art und Weise erniedrigt werden.

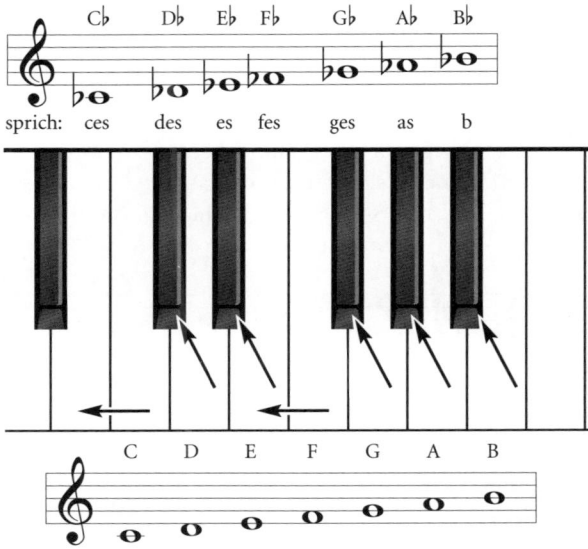

Die Stammtonreihe und die erniedrigten Stammtöne: C♭, D♭, E♭, F♭, G♭, A♭, B♭.

Bauch und Kopf

Der Bauch des Symbols für ♭ zeigt deutlich, welche Note erniedrigt werden muss; er liegt auf derselben Höhe wie der Kopf der Note.

♭ und weiße Tasten

Jeder Stammton kann erniedrigt werden, so auch C und F. Der einzige Unterschied? Keyboarder spielen C♭ und F♭ auf weißen statt auf schwarzen Tasten. C♭ ist dieselbe Taste wie B, und das F♭ wird auf der als E bekannten Taste gespielt.

Erniedrigt? Erhöht!

Beginnt man *Morgen kommt der Weihnachtsmann* mit D und verwendet dabei nur weiße Tasten, dann klingt eine der Noten zu tief. Welche? Das F auf „seinen".

Morgen kommt der Weihnachtsmann, beginnend mit D. Auf dem Wort „sei-nen" klingt es zu tief.

Zu tief

Die Lösung liegt auf der Hand: Erhöhe das F um einen Halbton. Auf der Tastatur spielst du dann ganz einfach die schwarze Taste rechts neben F. Auf dem Papier verwendest du das Symbol ♯. Ein F♯ spricht man „fis" aus.

Morgen kommt der Weihnachtsmann, beginnend mit D. Das Kreuz macht aus jedem F ein F♯ (sprich: fis).

Welches?

Die Mitte des Kreuzes liegt immer auf derselben Höhe wie der Kopf der zu erhöhenden Note.

VERSETZUNGSZEICHEN UND VORZEICHEN

♯ und ♭ sind *chromatische Symbole.* Du findest diese Symbole möglicherweise in einem oder mehreren Takten eines Stücks oder auch ganz am Anfang, gleich beim Notenschlüssel.

Ein Takt

Wird ein ♯ oder ein ♭ innerhalb eines Takts angezeigt, dann gilt es auch nur für den Rest dieses Takts. In *Morgen kommt der Weihnachtsmann* in D genügt ein Kreuz, um beide F in diesem Takt zu erhöhen.

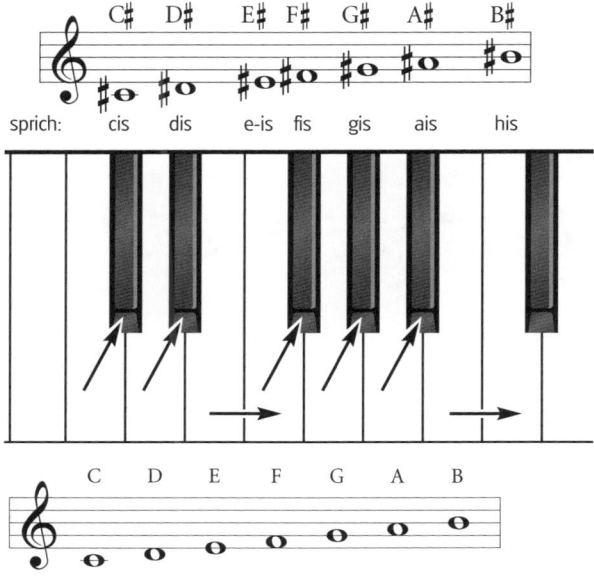

Die erhöhten Stammtöne.

Versetzungszeichen

Bei dieser Art von Verwendung nenn man ♯ und ♭ *Versetzungszeichen.* Ein Versetzungszeichen gilt für alle Noten, die nach diesem Symbol erscheinen, und zwar auf derselben Höhe wie das Symbol und nur in diesem einen Takt.

Vorzeichen

♯ und ♭ findest du aber auch direkt beim Notenschlüssel am Anfang eines Stücks. Dann nennt man sie *Vorzeichen*. Die Vorzeichen gelten für das gesamte Stück und jede Oktave. Ist also das Vorzeichen ein ♭, dann wird im Stück jedes B zu B♭ erniedrigt – und nicht nur die, die auf derselben Höhe wie das Symbol liegen.

Welche Tonart?

Die Vorzeichen sagen dir mehr als nur welche Noten erhöht oder erniedrigt werden müssen; sie teilen dir mit, in welcher *Tonart* das Stück geschrieben ist. Um eine Stimme zu spielen, musst du nicht unbedingt die Tonart kennen, aber das Wissen über die Tonarten gibt dir mehr Einblick in deine Tätigkeit. Interessiert? Dann lese die Kapitel 10 bis 14 – aber später.

Dasselbe Stück

Vorzeichen am Anfang eines Stücks bedeuten nicht etwa, dass du dann keine weiteren Versetzungszeichen mehr vorfindest, denn beide können in einem Stück vorkommen.

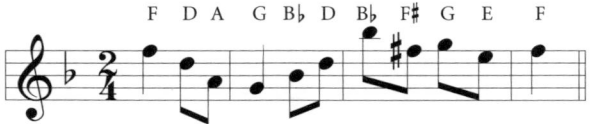

Vorzeichen und Versetzungszeichen in einem Stück.

Mehr als ein ♯ oder ♭

Musikstücke können ein, zwei, drei oder noch mehr ♯ als Vorzeichen haben. Dasselbe gilt für ♭. Und da hinter all dem ein System steckt, reicht ein kurzer Blick auf die Anzahl von ♯ und ♭, und du weißt, welche Noten erhöht oder erniedrigt werden müssen.

Feste Reihenfolge

Wie? Weil die ♯ und ♭ als Vorzeichen immer in einer festen Reihenfolge erscheinen. Ein ♯ bedeutet, dass jedes F zu einem F♯ erhöht wird. Zwei ♯ bedeuten, dass jedes F und jedes C erhöht werden müssen. Und so weiter. Die Anzahl der ♯ sagt dir sofort, welche Töne zu verändern sind.

Sieben ♯

Die Höchstzahl an ♯ beläuft sich auf sieben. Ein Stück mit sieben ♯ sieht man jedoch nicht sehr oft. Eigentlich kaum. Das Beispiel zeigt dir, welche ♯ sich auf welche Noten beziehen. Und nicht vergessen: ein Kreuz ist F♯, zwei bedeutet F♯ und C♯, das dritte fügt G♯ hinzu, das vierte D♯ und so weiter …

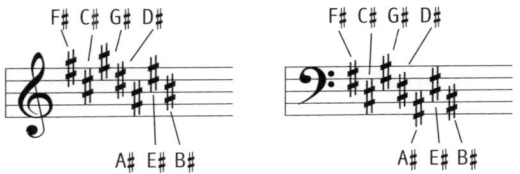

Sieben ♯ in beiden Notenschlüsseln.

Sieben ♭

In einem Stück mit einem ♭ wird aus jedem B ein B♭. Das zweite ♭ macht aus einem E ein E♭. Nachfolgend alles, was jedes einzelne ♭ bewirkt, bis zum Maximum von sieben ♭.

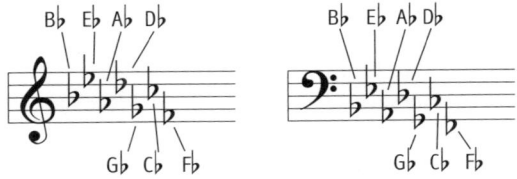

Sieben ♭ in beiden Notenschlüsseln.

Aus dem Gedächtnis

Es ist eine gute Idee, diese Reihen auswendig zu lernen, zumindest bis zu drei oder vier Vorzeichen. Wenn du dann z. B. ein Stück mit drei ♭ siehst, weißt du sofort, dass du jedes B, E und A erniedrigen musst. In Kapitel 11, Der *Quintenzirkel*, steht noch viel mehr über das System hinter der festen Reihenfolge von ♯ und ♭.

Auflösungszeichen

♯ und ♭ können vorübergehend durch *Auflösungszeichen* aufgehoben werden. Dieses Zeichen gilt für alle in demselben Takt und auf derselben Höhe liegenden nachfolgenden Noten – außer, es folgt eine neue ♯ oder ♭.

Auflösungszeichen: ♮

Gedächtnisstützen

Manchmal werden ♯, ♭ und Auflösungszeichen als Gedächtnisstützen notiert – um zu verhindern, dass du eine falsche Note spielst. Die *Versetzungszeichen* erscheinen dann möglicherweise in Klammern.

EINE NOTE, ZWEI BEZEICHNUNGEN

Wenn du nochmals einen Blick auf die Tastaturen der letzten Seiten wirfst, dann siehst du, dass jede Taste eigentlich zwei Bezeichnungen haben kann. Die mittlere Taste in der Gruppe der drei schwarzen Tasten ist, falls es sich um ein erniedrigtes A handelt, ein A♭. Sie könnte aber auch genauso gut ein G♯ sein, nämlich dann, wenn es sich um ein erhöhtes G in einem anderen Stück handelt.

Enharmonische Töne

Dieses A♭ und das G♯ sind *enharmonisch*. Sie haben verschiedene Namen, aber dieselbe Tonhöhe. Weitere Beispiele für enharmonische Töne findest du weiter unten. Dazu gehören übrigens auch „weiße" Noten. Ein B♯ wird zum Beispiel auf der weißen Taste C gespielt und ein F♭ auf der weißen Taste für E.

Einige enharmonische Töne.

Und nochmals, die Tonart

Ob eine Note G♯ oder A♭ (gleiche Note, unterschiedliche Namen) heißt, hängt von der *Tonart* des Stücks ab; siehe Kapitel 10.

Auf- und abwärts

Was die Versetzungszeichen betrifft, so spielt auch die Richtung der Melodie eine wichtige Rolle bei der Wahl zwischen dem Erhöhen und Erniedrigen einer Note. Geht die Melodie aufwärts, wird der Komponist sich wahrscheinlich für eine erhöhte Note entscheiden; abwärts dagegen ergibt ein ♭ wesentlich mehr Sinn.

Sprungbrett

Man könnte sagen, eine bestimmte Note „funktioniert" in zwei verschiedenen Richtungen. Im nachfolgenden Stück hörst du, dass das G♯ ein Sprungbrett – ein Durchgangston – zum A ist, während das A♭ im zweiten Takt zum G nach unten leitet. Und natürlich spielst du in beiden Fällen dieselbe schwarze Taste.

G♯ und A♭ klingen gleich, haben aber unterschiedliche Effekte.

Doppel-♯ und Doppel-♭

Doppelt erhöhte und erniedrigte Noten kommen nicht sehr häufig vor, aber sie existieren. Das Doppel-♭ erniedrigt den Stammton um zwei Halbtöne. Ein G, dem ein Doppel-♭ vorausgeht, heißt *Geses* und klingt wie ein F.

Doppelkreuz

Das Doppelkreuz besitzt ein eigenes Symbol: 𝄪. Es erhöht eine Note um zwei Halbtöne. Ein G, dem ein Doppelkreuz vorangeht, heißt *Gisis* und klingt wie ein A.

Warum nicht A?

Warum notiert man also nicht einfach anstatt des Gisis ein A? Aus demselben Grund, weshalb ein G♯ wie A♭ klingt, aber tatsächlich eine andere Note ist: ein erhöhtes G oder ein erniedrigtes A.

Doppel-♯ und Doppel-♭ komplizieren das Noten lesen erheblich – und nach Meinung vieler Komponisten unnötigerweise. Deshalb ist es mittlerweile nicht mehr so ungewöhnlich, anstatt eines Gisis oder Heses ein A zu notieren.

5. LAUT UND LEISE

Wenn du jede einzelne Note in derselben Lautstärke spielst, wirst du eher wie eine Maschine und nicht wie ein Musiker klingen. In einigen Musikstilen existieren kaum Schwankungen zwischen laut und leise, aber in den meisten sind diese Unterschiede – Dynamik genannt – sehr wichtig.

Die Schwankungen zwischen laut und leise sind die *Dynamik* eines Stücks. Die *Dynamikbezeichnungen* geben die Lautstärke der Noten im Verlauf eines Musikstücks an. Am häufigsten wird die Dynamik für einen oder mehrere Takte mit italienischen Ausdrücken bzw. ihren Abkürzungen angegeben.

Von leise nach laut

Die folgenden Begriffe umfassen die gesamte dynamische Spannweite, von einem leisen Flüstern bis zur maximalen Lautstärke.

ppp	pianisissimo	sehr, sehr leise
pp	pianissimo	sehr leise
p	piano	leise
mp	mezzo piano	mäßig leise
mf	mezzo forte	mäßig laut
f	forte	laut
ff	fortissimo	sehr laut
fff	fortisissimo	sehr, sehr laut

Noch lauter, noch leiser

Gelegentlich begegnen dir vielleicht auch vier f ($ffff$; fortisississimo) oder vier p ($pppp$; pianisississimo), was im Grunde bedeutet, du sollst so laut oder so leise wie möglich spielen. Solltest du zufällig ein Geiger sein, dann wird dein $ffff$ übrigens leiser sein als das eines Gitarristen einer Metal-Band. Und noch etwas: mezzo piano ist nur sehr geringfügig leiser als mezzo forte.

Bis zur nächsten

Diese Abkürzungen stehen unter der ersten Note, für die sie gelten. Von dieser Note an behältst du die angegebene Lautstärke bis zur nächsten Dynamikbezeichnung bei.

Lauter werden

Das italienische Wort *crescendo* (wörtlich „wachsend") sagt dir, dass du allmählich lauter werden sollst. Dieser Hinweis, oder die Abkürzung *cresc.*, ist häufig von einer gestrichelten Linie gefolgt. Sie zeigt die Takte an, über die sich die Zunahme der Lautstärke erstreckt. Ein kurzes Crescendo über einige wenige Noten oder Takte wird häufig durch zwei auseinandergehende Linien angezeigt (—————).

Leiser werden

Zwei *zusammenlaufende* Linien weisen auf das Gegenteil hin (—————). Sie sagen dir, du sollst leiser spielen – und auch wieder allmählich. Man nennt das ein *Decrescendo* (*decresc.* oder *decr.*). Für längere Decrescendi kann wieder die gestrichelte Linie verwendet werden. *Diminuendo* oder *dim.* bedeutet genau dasselbe.

Vorauslesen

Um wieviel lauter oder leiser du werden musst, wird fast immer durch eine weitere Dynamikbezeichnung am Ende des (De)Crescendos angezeigt – lies also voraus, um Überraschungen zu vermeiden.

Ein Crescendo von piano bis forte.

KAPITEL 5

Plötzlich

Plötzliche Wechsel zwischen laut und leise werden durch die Begriffe *forte-piano* (*fp*) und *sforzando* (*sfz* oder *sf*.) angegeben. Ein *forte-piano* oder ein *sforzando* ist ein lautes „Herausplatzen", gefolgt von einer unmittelbaren Rücknahme der Lautstärke.

Englisch

Bei anderen Musikstilen als Klassik wird die Dynamik oft auf Englisch angegeben. Diese noch nicht standardisierten Begriffe können durchaus anschaulicher als einfach nur „laut" oder „leise" sein. Eine Dynamikbezeichnung wie z. B. „screaming" sagt dir, du sollst dein Instrument schreien lassen – also nicht nur einfach laut spielen.

Pro Note

Mit Ausnahme des Sforzando beziehen sich sämtliche der in diesem Kapitel behandelten Dynamikbezeichnungen auf Gruppen von Noten, eine bestimmte Anzahl von Takten oder gar längere Abschnitte. Ebenso gibt es Dynamikbezeichnungen, die sich nur auf eine oder wenige Noten beziehen. In den Kapiteln 7 und 8 (*Artikulation und Verzierung*) findest du mehr darüber.

6. SCHNELL UND LANGSAM

Speed Metal ist höllisch schnell, während Marschkapellen eine bequemere Gangart vorziehen. In anderen Musikstilen ist es nicht immer so offenkundig, ob ein Stück schnell oder langsam gespielt werden soll. Das Tempo kann auf zweierlei Arten angezeigt werden; entweder mit Zahlen oder, wie schon gehabt, mit italienischen Ausdrücken. Zusätzlich gibt es noch eine Vielzahl von Wörtern, die darauf hinweisen, *wie* ein Stück gespielt werden soll; von träge bis lebhaft, und sämtliche Schattierungen dazwischen.

Die präziseste Methode, die Geschwindigkeit eines Stücks anzugeben, ist die Vorgabe der *Schläge pro Minute* (BPM: Beats Per Minute). Diese Angabe findest du am Anfang des Stücks, und sie sieht normalerweise aus wie M.M. ♩ = **120**. In diesem Fall wird die Zähleinheit, also eine Viertelnote, mit einer Geschwindigkeit von 120 gezählt.

Marschtempo

Diese 120 Viertelnoten pro Minute entsprechen zwei Schlägen pro Sekunde (eine Minute hat schließlich 60 Sekunden). Das Tempo von 120 gleicht ungefähr der Anzahl von Schritten, die man bei einer lebhafteren Gangart pro Minute zurücklegt: also einem Marschtempo.

Metronom

Die BPM kannst du auf einem Metronom einstellen, ein Gerät, das die Geschwindigkeit durch Ticken oder einen Piepton angibt. Die meisten Metronome haben einen Bereich von 40 bis 208 Schlägen pro Minute. Musik, die langsamer als 40 BPM ist, kommt äußerst selten vor. Bei ganz schnellen Stücken halbiert man ganz einfach die Metronomzahl. Liegt das Tempo bei 240 ($\downarrow$ = **240**), stell es auf 120 ein – eine Geschwindigkeit, zu der du noch immer mit dem Fuß klopfen kannst.

M.M.

Die Buchstaben M.M. bei der Tempoangabe stehen für Mälzels Metronom und weisen auf den Mann hin, nach dem das Gerät benannt wurde. Übrigens verbesserte und patentierte Mälzel das Metronom, das von einem Holländer namens Winkel erfunden wurde.

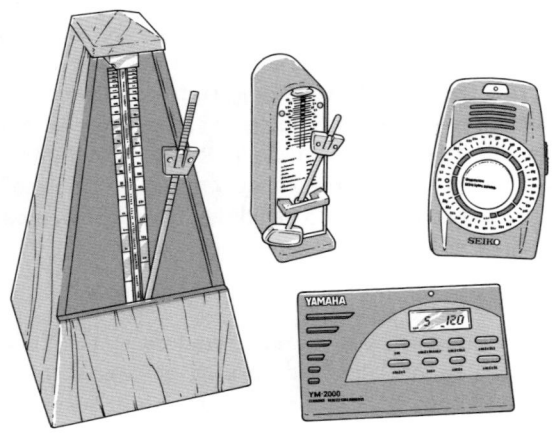

Zwei mechanische (aufziehbare) und zwei elektronische Metronome.

Italienisch

In klassischer Musik sowie in vielen anderen Musikstilen wird das Tempo mit italienischen Begriffen angegeben. Die meisten Metronome zeigen an, welche BPM welchem italienischen Begriff entsprechen. Hier einige der geläufigsten Tempobezeichnungen, von langsam nach schnell.

Prestissimo und Larghetto

Diese Tempoangaben haben die unterschiedlichsten Suffixe. Die Endung *-issimo* z. B. bedeutet „mehr als", während *-etto* für „weniger als" steht. *Prestissimo* ist also schneller

Italienisch	Übersetzung	Metronomzahl
Largo	sehr langsam	♩ = 40 - 60
Adagio	langsam	♩ = 66 - 76
Andante	gehend, entspanntes Tempo	♩ = 76 - 108
Moderato	mittleres Tempo	♩ = 108 - 120
Allegro	schnell	♩ = 120 - 168
Presto	sehr schnell	♩ = 168 - 200

als Presto, mit einer Metronomzahl von 200 bis 208. Larghetto (♩ = 60 - 66) ist etwas weniger langsam als Largo.

Rubato

Das Wort *Rubato* taucht hauptsächlich in ruhigen Stücken auf und weist darauf hin, dass es dir überlassen ist, einige Noten etwas schneller zu spielen, um dann das Tempo wieder etwas zu dehnen usw. Der Ausdruck stammt von dem italienischen Wort für stehlen; du „stiehlst" etwas Zeit von einem Takt und fügst sie einem anderen Takt hinzu. Gerade so, als wäre die Musik ein Gummiband, und du selbst darfst entscheiden, wie fest du daran ziehst.

Tempowechsel

Die meisten Stücke werden von Anfang bis Ende im selben Tempo gespielt. Während das Einhalten eines gleichmäßigen Tempos in den meisten Fällen vom Schlagzeuger oder Dirigenten abhängt, ist es eine gute Idee, beim Üben von Zeit zu Zeit ein Metronom zu verwenden – damit du lernst, das Tempo von selbst zu halten. In manchen Stücken wechselt das Tempo jedoch tatsächlich. Eines der häufigsten Beispiele dafür ist, dass die Band oder das Orchester gegen Ende des Stücks, also in den letzten Takten, langsamer wird.

Langsamer und schneller werden

Noch mehr italienisch, das dir nun aber sagt, ob du schneller oder langsamer werden sollst.
- Sollst du langsamer werden, dann steht *ritenuto* (*rit.* oder *riten.*), *rallentando* (*rall.*) oder *ritardando* (*ritard.*) da.
- *Accelerando* (*acc.*) und *stringendo* (*string.*, drängend) zeigen eine Beschleunigung des Tempos an.

- Auch *allargando* bedeutet, dass du langsamer werden sollst. Wörtlich bedeutet es „breiter werdend" und kann auch als Crescendo interpretiert werden.
- Sobald du ein *A Tempo* oder *Tempo 1°* (*Tempo Primo* gesprochen) siehst, gehst du zum ursprünglichen Tempo zurück.

Allmählich

Sollst du das Tempo erst ganz allmählich verändern, dann stößt du möglicherweise auf den Ausdruck *poco a poco*: nach und nach. Dieser Ausdruck wird auch in anderen Situationen verwendet, z. B. bei Crescendi.

Ad libitum

Ad libitum oder *ad lib.* bedeutet „freie Wahl". Mit anderen Worten, es bleibt dir überlassen. Ad lib. bezieht sich häufig auf das Tempo, aber es kann auch eine andere, viel weitumfassendere Bedeutung haben. Ein Beispiel: *8va. ad lib.* bedeutet, es steht dir frei, diesen Abschnitt eine Oktave höher zu spielen. Aber wenn dir nicht danach ist, dann eben nicht.

Englisch

Natürlich wird auch die englische Sprache zur Tempovorgabe benutzt. Das geht vom grundlegenden *fast* (schnell) bis zu musikalischeren Ausdrücken wie *ballad* oder *up tempo*.

TEMPO UND GEFÜHL

Wenn du der Welt mit einem Song erzählen möchtest, dass du gerade in der Lotterie gewonnen hast, dann wirst du wahrscheinlich ein ziemlich flottes Tempo wählen. Und umgekehrt. Oft wird die Grundstimmung eines Musikstücks schon durch das Tempo vermittelt. Aber es sagt nicht alles aus; wenn du wirklich spielen kannst, dann kannst du ein und dasselbe Stück, unabhängig vom Tempo, schwer oder federleicht, aufregend oder langweilig gestalten. Deshalb gibt es eine Menge Wörter, die das vom Komponisten beabsichtigte Gefühl beschreiben sollen. Hauptsächlich italienische Wörter, aber auch Wörter aus anderen Sprachen. Und wenn vor einem Stück *träge* steht, dann solltest du es nicht einfach nur langsam spielen. Wie wär's mit ein paar klassischen italienischen Ausdrücken?

agitato	aufgeregt
con brio	mit Elan
con fuoco	mit Feuer
con spirito	mit Schwung oder Energie
dolce	süß, lieblich
tranquillo	ruhig, gemächlich
vivace	lebhaft

Sehr, mehr oder weniger

Es gibt noch mehr Italienisch zu lernen. Die nachstehenden Wörter werden mit Begriffen kombiniert, die du bereits kennst.

assai	ziemlich
molto	sehr
meno	weniger
(ma) non troppo	(aber) nicht zu sehr
più	mehr
un poco	ein bisschen, ein wenig

Ein Zungenbrecher

Un poco più presto sagt dir also, du sollst ein wenig schneller spielen. Und der Zungenbrecher *poco a poco stringendo e crescendo ma non troppo*? Werde allmählich ein wenig schneller und lauter, aber übertreibe bitte nicht …

7. ARTIKULATION

Wie Worte, so kannst du auch Noten auf vielfältige Weise „aussprechen" oder artikulieren: leidenschaftlich oder schleppend, breit oder schneidend usw. Wie die Noten ausgesprochen werden, wird durch Artikulationszeichen angegeben: „v-artige" Zeichen, Punkte, Bindebögen und andere Kennzeichnungen, die über oder unter die Noten geschrieben werden.

Das bekannteste Artikulationszeichen ist der *Akzent*. Das horizontale V über einer Note sagt dir, dass du sie betonen sollst.

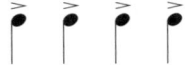

Akzente: Spiel die Note ein wenig lauter.

Marcato

Noten mit einem umgekehrten V werden *marcato* gespielt, was „markiert" bedeutet. Man spielt sie ein wenig lauter und kürzer. Ist innerhalb des V ein Punkt notiert, müssen die Noten noch kürzer gespielt werden.

Marcato: verkürzte Noten mit Akzenten.

Staccato

Noten mit einem Punkt darüber oder darunter müssen *staccato* gespielt werden: sehr kurz und abgerissen. Aber nicht vergessen: Eine *staccato*-Viertelnote hat zwar nicht dieselbe Dauer wie eine reguläre Viertelnote, aber sie nimmt denselben Raum auf dem Papier ein.

Staccato: kurz.

Staccatissimo

Siehst du statt des Punktes ein kleines Dreieck, dann sollte die Note *staccatissimo* gespielt werden, also kürzer als kurz, nämlich abgehackt.

Staccatissimo: extrem kurz, abgehackt.

Legato

Legato ist genau das Gegenteil von staccato. Du verlängerst die Noten geringfügig und fügst sie zusammmen, ohne Zwischenraum. Legato bedeutet „gebunden", und ein *Bindebogen* verbindet die Noten miteinander, so dass es ungefähr wie „daahaahaahaa" klingt. Der Legatobogen erscheint entweder über oder unter den Noten.

Legato: gebunden. Die Noten gehen fließend ineinander über.

Phrasierungsbogen

Nicht jeder Bogen ist ein Legatobogen. Auch der *Phrasierungsbogen* ist ein Bogen. Er fasst eine größere Anzahl von Noten in einer Phrase zusammen, genau wie Wörter. Und so werden sie auch gespielt: wie eine Phrase. Wenn du beispielsweise Bläser bist, spielst du eine solche Phrase in *einem* Atemzug. Natürlich können unter einem Phrasierungsbogen auch andere Zeichen notiert sein, wie zum Beispiel Legatobögen und Akzente im folgenden Beispiel:

Phrasierungsbogen: ist wie ein Satz zu spielen.

Portato

Noten mit *Portato*-Zeichen sollten feierlich, getragen gespielt werden. Mit anderen Worten, ein bisschen breiter als üblich, aber ohne Bindung. Es gibt zwei Möglichkeiten, ein *Portato* zu notieren: mit einem kleinen Strich unter jeder Note oder mit einem Bogen in Kombination mit einem Punkt. Nicht „daahaahaahaa" (legato), nicht „daa daa daa daa" (normal), sondern „daadaadaadaa".

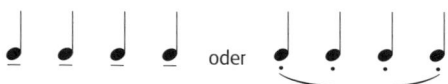

Portato: erhaben, feierlich, breit, aber nicht zusammengebunden.

Simile

Das Wort *simile* stammt aus dem Italienischen und bedeutet „ähnlich". Simile sagt dir, dass du mit einer bestimmten Spielweise fortfahren sollst. Kommt es z. B. nach einigen Staccatonoten, dann bedeutet es, dass auch alle nachfolgenden Noten staccato gespielt werden sollen.

Fermate

Eine *Fermate* wird bis auf ein Zeichen des Dirigenten, Bandleaders oder Schlagzeugers ausgehalten oder bis du selbst genug davon hast und niemand da ist, dem es etwas ausmachen würde. In den meisten Fällen wird die Note länger als ihr Wert gespielt. Normalerweise findet man die

Fermate: so lange sie dauert ...

Fermate, die durch einen Punkt und einen kleinen Bogen über oder unter der Note angezeigt wird, am Ende eines Stücks.

Pizzicato

Die Interpretation der Noten kann natürlich auf vielfältige Weise angezeigt werden. Manches davon findest du nur in den Stimmen für ein spezifisches Instrument oder eine Gruppe von Instrumenten. *Pizzicato*, um ein Beispiel zu nennen, wird für Streichinstrumente verwendet (Violine, Viola, Cello, Kontrabass). Es bedeutet, dass die Saiten nicht gestrichen, sondern gezupft werden sollen. Andere Artikulationsbezeichnungen werden nur für bestimmte Stilrichtungen verwendet.

JAZZ UND FUSION

Jazz und Fusion sind amerikanischen Ursprungs. Daher haben wir in dieser sowie vielen verwandten Stilrichtungen meist englische Ausdrücke als Vorgaben. Einige Beispiele: der Scoop, der Du-wah und Ghost Notes.

Scoop

Ein *Scoop* bedeutet, dass du die Note kurz nach unten ziehst, und zwar nicht mehr als einen Halbton. Scoops findest du hauptsächlich in Saxophonstimmen.

Scoop

Du und Wah

Der *Du-wah* wird hauptsächlich von Blechbläsern verwendet. Der „Du" (ein Pluszeichen über der Note) bedeutet, dass du den Klang durch Positionieren deiner Hand oder eines *Plungers* auf dem Trichter des Instruments abdämpfst. Ein Plunger ist genau das, wofür du ihn hältst; es ist das Gerät, mit dem du ein verstopftes Rohr freimachst. Der „Wah" (ein kleiner Kreis) bedeutet, du sollst deine Hand oder den Plunger wieder wegnehmen. Mundharmo-

Gedämpft und offen: der Du-wah.

nikaspieler erzeugen den Du-wah mit der Hand, und Gitarristen können mit dem *Wah-Wah-Pedal* elektronisch einen ähnlichen Effekt erzeugen.

Ghost Notes

Eine *Ghost Note* ist eine „tote", halb verschluckte Note mit kaum definierbarer Tonhöhe. Zur Erzeugung dieses Effekts hat jedes Instrument seine eigenen Techniken; Bläser verwenden ihre Zunge, Gitarristen dämpfen sofort die Saite ab usw. Schlagzeuger spielen häufig Ghost Notes als weiche Taps auf der Snaredrum zwischen den anderen Schlägen.

Ghost Note: halb verschluckt.

8. VERZIERUNGEN

Dynamik und Artikulation sind zwei Möglichkeiten der musikalischen Ausschmückung. Eine dritte ist die Verwendung von Verzierungen: „kleine" Noten, die du entweder vor, nach oder vor *und* nach der Hauptnote spielst. Manchmal bleibt es dir überlassen, wie eine solche Verzierung gespielt werden soll; wie schnell du zum Beispiel einen Triller spielst. Ansonsten kann es aber auch vom Tempo des Stücks abhängen.

Eine sehr bekannte Verzierung ist der *Triller*, der durch einen schnellen Wechsel zwischen der *Hauptnote* und der weißen Taste darüber, der *oberen Nebennote*, gespielt wird. Ein Triller oder *Shake* kann sowohl auf der Hauptnote als auch der oberen Nebennote beginnen.

Triller

Mordent

Es gibt zwei Arten von Minitrillern, Mordenten genannt. Der *obere Mordent* sagt dir, du sollst nur einmal zur oberen Note trillern …

Oberer Mordent: kurzer Triller zur oberen Note.

Umgekehrter Mordent

…und wenn du auf den umgekehrten Mordenten stößt, dann trillerst du natürlich einmal zur Note *unter* der Hauptnote.

Notation: Wird gespielt:

Umgekehrter Mordent: kurzer Triller zur unteren Note.

♯, ♭ und Triller

Triller werden mit der Note unter oder über der Hauptnote gespielt. ♯ und ♭ behalten ihre Gültigkeit. Nur wenn ein ♯, ♭ oder Auflösungszeichen zusammen mit dem Verzierungszeichen erscheint, musst du die obere oder untere Note in diesem Triller erhöhen, erniedrigen oder auflösen.

Notation: Wird gespielt:

Mordent mit einem vorübergehend erniedrigten E (E♭).

Tremolo

Ein *Tremolo* erzielt man durch die schnelle Wiederholung *einer* Note oder einem schnellen Wechsel zwischen zwei Noten. Auf Blechblasinstrumenten wird ein Tremolo auf einer Note mit einem „rrrollendem" r mit der Zunge erzeugt. In klassischer Musik heißt das *Flatterzunge*; Jazzmusiker dagegen sprechen von *Growling*.

Tremolo auf einer Note.

Tremolo auf zwei Noten.

Vibrato

Ein *Vibrato* erzielst du durch ein kaum merkliches Erhöhen und Erniedrigen der Tonhöhe; und zwar um viel weniger als um einen Halbton. Aber wie? Auf Gitarren, Geigen und anderen Saiteninstrumenten durch eine schnelle Vor- und Rückwärtsbewegung des Fingers. Keyboards und Synthesizer haben für diesen Zweck einen eigenen Schalter, den *Modulationsschalter*. Bläser dagegen verwenden ihren *Ansatz*, wobei sie die Muskelspannung in und um ihren Mund herum verändern und so den Luftstrom angleichen.

Für das Vibrato gibt es kein Symbol; manchmal erscheint das Wort selbst oder dessen Abkürzung (*vibr.*) unter der Note. Und manchmal gibt es überhaupt keinen Hinweis. Vibratos werden häufig dann gespielt, wenn sie der jeweilige Musiker für angebracht hält.

Vibrato oder Tremolo?

Vibrato und *Tremolo* werden häufig miteinander verwechselt. Der Hebel, der auf manchen elektrischen Gitarren zu sehen ist, wird zum Beispiel *Tremolohebel* (oder *Whammy Bar*) genannt, obwohl er sich gar nicht für ein Tremolo eignet. Dagegen kann man damit ein Vibrato erzielen(durch eine schnelle Auf- und Abwärtsbewegung des Hebels über eine kurze Distanz), oder ein *Pitch Bend* (Ziehen des Tons), indem man den Hebel einmal über eine größere Distanz bewegt.

Vorschlag

Ein *Vorschlag* oder *Appoggiatura* ist eine kleinere, durchgestrichene Note vor der Hauptnote. Sie kann auf zweierlei Arten gespielt werden: unmittelbar vor dem Schlag, auf den die Hauptnote fällt oder exakt auf den Schlag selbst. Im zweiten Fall kommt die Note ein wenig später. Ein anderer italienischer Name lautet *Acciaccatura*.

Notation: Wird gespielt:

Appoggiatura: eine kurze Note, die der Hauptnote vorangeht.

Gruppetto

Ein *Doppelschlag* oder *Gruppetto* ist das Umspielen der Hauptnote. Ein Blick auf das Symbol zeigt dir ganz deutlich, wie es klingen soll.

Gruppetto: Umspielen der Hauptnote.

Der Gruppetto zwischen zwei Noten

Gruppetti zwischen zwei Noten kommen ebenfalls vor. Diese Verzierung verbindet die Noten miteinander.

Drei Extranoten zwischen den beiden Hauptnoten.

Glissando

Bei einem *Glissando* gleitest du von einer Note zur anderen. Auch hier gibt es je nach Instrument unterschiedliche Ausführungen. Einige Beispiele? Auf der Posaune benutzt man natürlich den Zug, auf dem Klavier lässt man die Fingerspitzen über die Tastatur und auf einem Saiteninstrument den Finger über die Saite gleiten. Ein *Pitch Bend*, gespielt mit dem Pitch-Bend-Schalter, den du auf den meisten elektronischen Keyboardinstrumenten findest, ist eine Variation des *Glissando*.

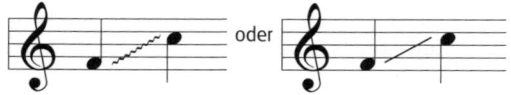

Glissando: von einer Note zur anderen gleiten.

Fall, Lift, Plop und Doit

Ein Glissando zeigt immer die jeweilige Anfangs- und Endnote an. Falls, Lifts, Plops und Doits nicht. Richtung und Länge der Bezeichnungen versuchen vielmehr, dir eine allgemeine Vorstellung dieser Verzierungen zu vermitteln, die du übrigens hauptsächlich in Jazzpartituren vorfindest.

Fall: ein Herabfallen von
der Note.

Lift: eine Aufwärtsbewegung
von der Note.

Plop: ein Hineinfallen in die
Note, von oben.

Doit: ein kurzes Hochziehen
der Note.

... und mehr

Es gibt noch eine ganze Menge weiterer Verzierungen, aber
wenn du die in diesem Kapitel vorgestellten kennst, wirst
du in den meisten Fällen in der Lage sein, alle anderen
davon abzuleiten.

9. ABSCHNITTSBEZEICH-NUNGEN UND WIEDER-HOLUNGSZEICHEN

Kompositionen bestehen häufig aus einer Anzahl von Abschnitten (wie Strophe und Refrain), die praktisch in jedem Song auftauchen. Häufig werden solche Abschnitte mehrmals wiederholt. Ebenso gibt es Stücke mit weniger strukturierten Wiederholungen – Stücke, in denen du mehr als einmal und über eine wechselnde Anzahl von Takten zurück oder vorwärts springen musst. Um all diese Bewegungen und Wiederholungen anzuzeigen, gibt es eine Vielzahl von Markierungen und Zeichen; sie sind deine musikalischen Wegweiser.

Um dir eine schnelle Vorstellung vom Aufbau des Stücks zu vermitteln, werden die verschiedenen Teile oder Abschnitte eines Stücks oft durch Buchstaben angezeigt. Diese *Abschnittsbezeichnungen* kennt man auch unter dem Namen *Studierziffern* oder *rehearsal markings* („Probemarkierungen") im Englischen. Anstatt das Stück nach jedem Fehler wieder von vorne zu beginnen, kann so der Bandleader zum Beispiel vorschlagen, „bei K anzufangen", was Takt 205 entsprechen könnte. Diese Markierungen werden normalerweise viereckig eingerahmt und stehen über dem Notensystem.

Namen

Neben Strophen und Refrains gibt es noch eine Menge weiterer Namen für die Identifizierung der verschiedenen Teile eines Musikstücks. Das Wort *Intro* bezieht sich auf die ersten Takte, bevor das Stück wirklich „losgeht". Ein Beispiel: Gesangsnummern beginnen meistens erst nach einer

Intro. *Outro* heißen die letzten Takte eines Stücks, wenn, um dasselbe Beispiel zu benutzen, der Gesang bereits zu Ende ist.

Eine *Bridge* überbrückt buchstäblich die verschiedenen Teile eines Stücks. Du findest eine bei Buchstabe B in *So long* am Ende dieses Kapitels. Ein *Interlude* (wörtlich Zwischenspiel) verbindet ebenfalls zwei Teile eines Stücks.

Nummern

Eine Nummer über einem Takt zeigt normalerweise an, um welchen Takt es sich handelt, und zwar vom Anfang des Stücks an gezählt. In manchen Fällen jedoch werden statt Buchstaben Nummern als Abschnittsbezeichnungen verwendet.

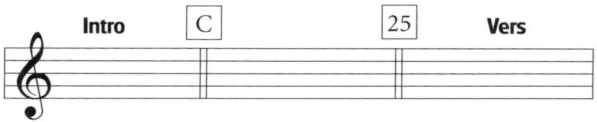

Sowohl Namen als auch Buchstaben und Zahlen werden zur Identifizierung der verschiedenen Teile eines Stücks verwendet.

Doppelter Taktstrich

Der doppelte Taktstrich mit seiner dicken, vertikalen Linie nach dem letzten Taktstrich zeigt dir an, dass das Stück zu Ende ist.

Doppelter Taktstrich: das Ende.

WIEDERHOLUNGSZEICHEN

Wiederholungszeichen sagen dir, dass du einen einzelnen Takt oder eine ganze Reihe von Takten wiederholen oder innerhalb eines Stücks zurückspringen sollst.

Faulenzer

Die Wiederholungszeichen für ein und zwei Takte sind sehr geläufig. Sie heißen *Faulenzer*.

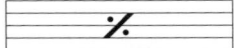

Wiederhol den vorange-gangenen Takt.

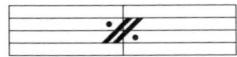

Wiederhol die beiden vorangegangenen Takte.

Vom Beginn an wiederholen

Begegnen dir eine dicke Linie, eine dünne Linie und zwei nach links schauende Punkte, dann geh an den Anfang des Stücks zurück und wiederhole diese Takte nochmals.

Wiederhol von Anfang an.

Doppelte Wiederholungszeichen

Findest du zwei Wiederholungszeichen, deren Punkte sich gegenüberliegen, dann sollst du die Takte zwischen diesen beiden Zeichen wiederholen.

Wiederhol die Takte zwischen diesen Zeichen.

Anderes Ende

Manchmal endet ein wiederholter Teil eines Stücks anders. Wenn du am Ende eines Teils eine „1." und eine „2." entdeckst, musst du folgendes tun: das erste Mal beendest du den Teil mit dem Takt oder den Takten, die mit „1." gekennzeichnet sind. Beim zweiten Mal überspringst du diese und gehst direkt zu dem, was unter Ziffer „2." steht. Die musikalischen Fachbegriffe sprechen für sich selbst; der Teil hat ein *Haus 1* und ein *Haus 2* bzw. *Klammer 1* und *Klammer 2*.

Haus 4

Ebenso gibt es Stücke, in denen die vorangehenden Takte, sagen wir, dreimal mit Haus 1 enden, und erst beim vierten Mal mit dem zweiten. In diesem Fall steht über dem ersten Teil „1.–3." geschrieben und eine „4." über dem zweiten.

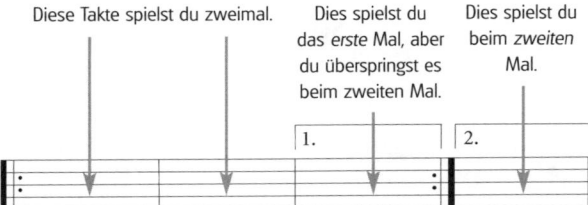

Das zweite Mal überspringst du den Takt/die Takte unter 1. und fährst unter 2. fort.

ÜBERSPRINGEN

Eine Vielzahl von Symbolen, Wörtern und Abkürzungen zeigen dir an, dass du von einem Teil des Stücks zu einem anderen springen musst.

- *Da Capo* (*D.C.*) ist ein Wiederholungszeichen und bedeutet „von Anfang an". Zuerst gehst du zum Anfang zurück. Dann folgst du weiteren Anweisungen wie „al Fine" (s. u.).
- *Dal Segno* (*D.S.*); beginnend beim Takt, wo du Dal Segno oder D.S. siehst, gehst du zum *segno* (italienisch für Zeichen) 𝄋 zurück.

Coda

Du musst sogar noch mehr herumspringen. Ein Beispiel: Triffst du auf die Begriffe *Da Capo al Coda*, dann musst du zunächst zum Anfang zurückgehen (*Da Capo* oder *D.C.*). Dann, nach einer Anzahl von Takten, springst du zur *Coda*. Die Coda ist wörtlich der „Schwanz" eines Stücks: in nicht-klassischer Musik auch häufig *Outro* genannt.

Coda-Symbol

Der Punkt, an dem du zur Coda springst, wird durch das Coda-Symbol ⊕ angezeigt. Statt al Coda begegnet dir vielleicht auch al ⊕. Dal Segno al ⊕ bedeutet deshalb „gehe zum Symbol" 𝄋 oder zurück. Kommst du dann etwas später zum Coda-Symbol, springst du zur Coda.

Fine

Al Fine bedeutet „zum Ende". *Da Capo al Fine* sagt dir, dass du zurück zum Anfang gehst und erst dann zu spielen aufhörst, wenn du auf das Wort *Fine* triffst. Dieses *Fine* muss

So Long

Rolf Tönnes

nicht unbedingt der allerletzte Takt der gedruckten Noten sein, aber es *ist* das Ende des Stücks.

SO LONG

So Long ist ein Jazzstück mit einer beträchtlichen Anzahl von Zeichen und Markierungen. Mit anderen Worten, eine großartige Zusammenfassung der letzten Kapitel.

AABA

Die *Form* dieses Stücks, AABA, wird in vielen Musicalsongs und Jazzstücken verwendet (und auch bei *Familie Feuerstein* ...!). Der A-Teil wird zweimal gespielt, dann der B-Teil (die Bridge) und schließlich nochmal der A-Teil.

Die Route

• Spiel den A-Teil zweimal (spiel dabei beim ersten Mal Haus 1, und beim zweiten Mal springst du zu Haus 2).
• Mach dann mit dem B-Teil weiter (siehe Buchstabe B).
• Gehe bei D.C. al ⊕-⊕ zurück zum Anfang.
• Spiel den A-Teil bis zum Coda-Symbol in Takt sechs.
• Vom Coda-Symbol springst du zum zweiten Coda-Symbol unten. Das sind die beiden letzten Takte des Stücks.

10. TONLEITERN UND TONGESCHLECHTER

Wenn du die Stammtonreihe von C nach C spielst, erklingt eine Tonleiter: C, D, E, F, G, A, B, C. Mach dasselbe von A nach A, und du hörst eine Tonleiter, die deutlich anders klingt. Die meisten Musikstücke bestehen zu einem Großteil aus Noten, die zu einer bestimmten Tonleiter gehören. Den Namen dieser Tonleiter bezeichnet man als die Tonart. Dieses Kapitel befasst sich mit den zwei wichtigsten: Dur und Moll.

Um Noten lesen zu können, muss man nicht unbedingt über Tonleitern und Tonarten Bescheid wissen – tut man es aber, dann fällt einem vieles wesentlich leichter. Schließlich hilft es dir dabei, die Richtung einer Melodie zu spüren (oder zu erkennen). Auf diese Weise kannst du erraten (oder wissen), welches die nächsten Noten sein werden. Es hat auch eine bessere Kenntnis der Struktur eines Stücks zur Folge; denn es bedeutet, dass du das *System* verstehst und nicht nur einzelne Töne aneinanderreihst. Und beim Notieren deiner eigenen Musik ist die Kenntnis der Tonleitern allemal von Vorteil.

Spielen

Schließlich und endlich hilft dir das *Spielen* der Tonleitern dabei, dein Instrument zu meistern. Es steigert deine Fähigkeit, nicht nur das Notierte, sondern auch Solos und Improvisationen zu spielen. Auf der anderen Seite werden und wurden natürlich auch tonnenweise großartige Songs von Musikern „geschrieben", die keine einzige Tonleiter kennen.

In einer Reihe

Such dir irgendein Stück aus und sortiere sämtliche Noten in eine Reihe von tief bis hoch. Das Resultat wird immer eine Tonleiter oder ein Teil einer Tonleiter sein. *Morgen kommt der Weihnachtsmann* (ja, schon wieder …) besteht aus den Tönen C, G, A, G, F, E, D, C. In einer Reihe von tief nach hoch angeordnet: C, D, E, F, G, A. Diese Töne sind die ersten sechs Noten einer Tonleiter.

Morgen kommt der Weihnachtsmann.
Der Grundton ist C.

Grundton

Grundton

Wenn du *Morgen kommt der Weihnachtsmann* singst und bei dem Wort „seinen" aufhörst, wirst du spüren, dass das Lied noch nicht zu Ende ist. Es fühlt sich an, als hätte man es mitten im Flug gestoppt, als müsse noch etwas kommen. Diese letzte fehlende Note ist der *Grundton*. Mit dieser letzten Note gehst du sozusagen dahin zurück, wo alles begann: dem Grundton, der ersten Note der Tonleiter eines Stücks.

Nach Hause

Die meisten Stücke enden auf dem Grundton der Tonleiter, in der sie geschrieben wurden. Eine weitere Bezeichnung für Grundton ist das Wort *Tonika*.

Die C Tonleiter

Morgen kommt der Weihnachtsmann in der obigen Version besteht aus den ersten sechs Noten der Tonleiter in C. Um die Tonleiter zu vervollständigen, fügst du einfach das B und ein zweites C hinzu. Das Resultat: C, D, E, F, G, A, B, C. Beim Spielen dieser Tonleiter auf der Tastatur wirst du feststellen, dass sie nur aus den Tönen der Stammtonreihe besteht. Du hast es hier nur mit weißen Tasten zu tun.

Ganztöne und Halbtöne

Bei der Bewegung von einer weißen Taste zur nächsten spielst du eine Mischung aus Ganz- und Halbtönen (oder Ganzton- und Halbton*schritten*). Von C nach D und D nach E spielst du Ganztonschritte.

Von E nach F ist es jedoch ein Halbtonschritt. Der Unterschied ist zunächst vielleicht deutlicher zu sehen als zu hören. Was siehst du denn? Das ist ganz einfach: wirf einen Blick auf die Tastatur, und du siehst, dass sich zwischen E und F keine schwarze Taste befindet. Das zeigt dir, dass der Schritt von einer Note zur nächsten ein Halbtonschritt ist. Einen weiteren Halbtonschritt findest du von B nach C.

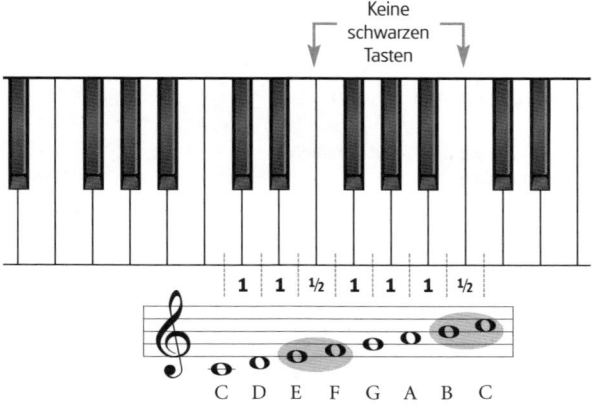

Die C-Tonleiter. E nach F und B nach C sind Halbtonschritte. Dazwischen gibt es keinen Platz für weitere Töne.

Durtonleiter

Obige Tonleiter besteht aus sieben Schritten; fünf Ganztonschritten (G) und zwei Halbtonschritten (H), und zwar in dieser Reihenfolge: G, G, H, G, G, G, H. Eine Tonleiter, deren Schritte in dieser Reihenfolge angeordnet sind, heißt *Durtonleiter*. Diese Schritte, gezeichnet in der Form eines Kreises, zeigen dir auf einfache Weise den Unterschied zwischen dieser und anderen Tonleitern.

Molltonleiter

Folge zunächst den Schritten im Kreis beginnend mit C (dem Grundton bzw. der Tonika) und bewege dich im Uhrzeigersinn. Beginn dann zur Abwechslung auf einer anderen Note. Du wirst merken, dass sich dabei die Abfol-

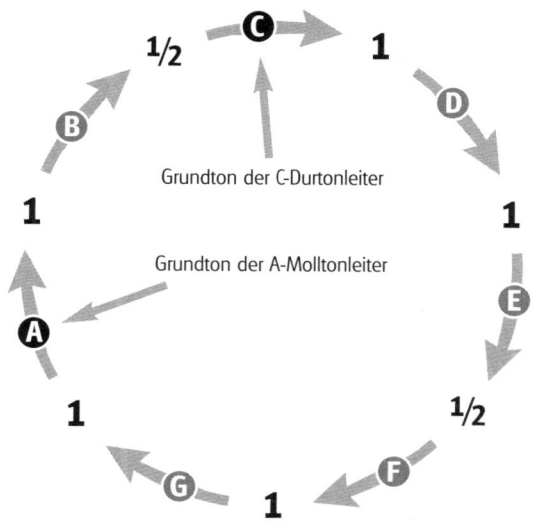

Die Grundtöne der C-Dur- und A-Molltonleiter. Folge den Pfeilen, und du siehst die Abfolge der zu diesen Tonleitern gehörigen Schritten.

ge der Ganztöne und Halbtöne ändert. Das Ergebnis ist eine andere Tonleiter. Eine Tonleiter, die deutlich anders klingt und einen ganz eigenen Charakter besitzt.

Weniger fröhlich

Mit einem Keyboard zur Hand kannst du diesen Unterschied hören. Vergleiche das Resultat, wenn du die weißen Tasten zunächst von C nach C und dann von A nach A spielst. Diese zweite Tonleiter klingt nicht nur höher oder

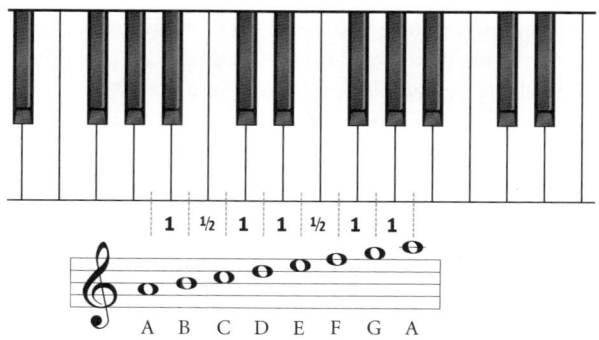

Die Molltonleiter, von A nach A: G, H, G, G, H, G, G.

tiefer, je nachdem, auf welchem A man beginnt, sondern auch trauriger und dunkler als die Durtonleiter. Deshalb wird sie auch oft für Musik mit weniger fröhlichem Charakter verwendet. Die Reihenfolge der Schritte in der A-Molltonleiter ist: G, H, G, G, H, G, G.

Säulen

Zeichnest du die Schritte der Dur- und Molltonleiter als ganze und halbe Säulen, dann siehst du sofort ihr unterschiedliches Aussehen. Und Dinge, die unterschiedlich aussehen, klingen auch anders.

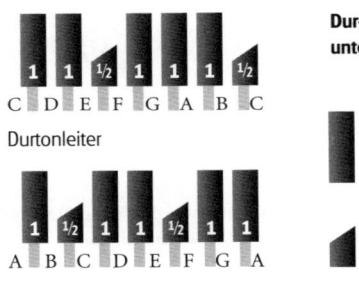

Dur- und Molltonleitern haben unterschiedliche Umrisse.

Durtonleiter

Molltonleiter

Ganzton

Halbton

Tonarten und Tonleitern

Tonleitern werden nach ihrem jeweiligen Grundton benannt. Die Tonleiter mit dem Grundton C und den tonalen Abständen in der Reihenfolge G, G, H, G, G, G, H ist die *C-Durtonleiter*. Ein mit diesen Noten geschriebenes Musikstück steht in der *Tonart* C-Dur.

Mit anderen Noten beginnen

Jedesmal, wenn du den Kreis auf der vorhergehenden Seite mit einer anderen Note beginnst, stößt du auf eine unterschiedliche Reihenfolge von Ganz- und Halbtönen. Dasselbe passiert beim Spielen der weißen Tasten, und zwar jedesmal, wenn du mit einer anderen Taste beginnst. Jedesmal wirst du eine andere Tonleiter hören. Eine Tonleiter mit einem anderen Charakter – und dieser Klangcharakter verändert sich nur durch die unterschiedliche Reihenfolge der Halb- und Ganztonschritte! Weiter unten werden die beiden gebräuchlichsten Tonleitern detaillierter besprochen. Zuerst Dur, dann Moll. Weitere Tonleitern werden in Kapitel 14 besprochen.

DUR

Eine Durtonleiter kann auf C beginnen, aber auch auf jeder anderen Note. Du musst lediglich dafür sorgen, dass die Reihenfolge der Schritte dieselbe bleibt wie in C-Dur: G, G, H, G, G, G, H. Das klingt, als wäre es schwierig, ist aber in Wahrheit ziemlich leicht. Sehr leicht, sogar.

Die Reihenfolge der Schritte

In Kapitel 4 hast du gesehen, dass du *Morgen kommt der Weihnachtsmann* auf C, aber ebenso gut auch auf F oder D beginnen kannst. Damit es in der F-Version nach *Morgen kommt der Weihnachtsmann* klingt, musste eine Note erniedrigt werden, während in der D-Version eine Note erhöht werden musste. Durch Erhöhen bzw. Erniedrigen von Noten hast du dafür gesorgt, dass die Reihenfolge der Schritte zwischen den Noten des Stücks dieselbe blieb. Genauso verhält es sich mit den Tonleitern.

Von F nach F

Ein Beispiel: Wenn du die weißen Tasten von F nach F spielst, dann ist die Reihenfolge der Ganz- und Halbtöne G, G, G, H, G, G, H. Das kannst du auch im Kreis auf Seite 73 sehen. Diese Reihenfolge entspricht nicht der Reihenfolge der uns bereits bekannten Durtonleiter; der erste Halbtonschritt wechselte von der dritten Stelle zur vierten. Du kannst den Unterschied hören und, mit Säulen gezeichnet, auch sehen:

C-Durtonleiter

keine F-Durtonleiter

Die Schritte von C nach C und von F nach F, nur auf den weißen Tasten gespielt; der Unterschied ist offensichtlich. Von F nach F ist keine Durtonleiter.

F-Dur in Säulen

Wenn du also eine Durtonleiter beginnend mit F spielen möchtest, musst du etwas verändern, um die Reihenfolge zu korrigieren. Die Lösung: erniedrige das B um einen Halbton. Wie? Indem du ein ♭ hinzufügst. Dieses ♭ korrigiert die Reihenfolge der Töne und Halbtöne, wodurch eine neue Durtonleiter entsteht: die F-Durtonleiter.

C-Durtonleiter

keine F-Durtonleiter

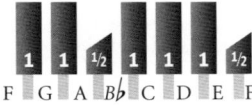

F-Durtonleiter

Das Hinzufügen eines ♭ zum B korrigiert die Reihenfolge der Schritte in der Tonleiter.

F-Dur im Notensystem

Zwar eignen sich die Säulen hervorragend zur Darstellung einer Tonleiter, aber letzten Endes haben wir es hier mit den Noten im Notensystem zu tun. Im ersten Beispiel weiter unten kannst du sehen, welches Resultat du beim Spielen der weißen Tasten von F nach F erhältst. Das nächste Beispiel ist die F-Durtonleiter mit einem B♭ statt einem B. Beim Spielen beider Beispiele wird der Unterschied eindeutig.

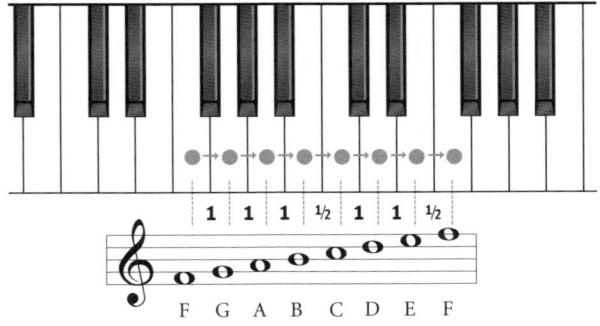

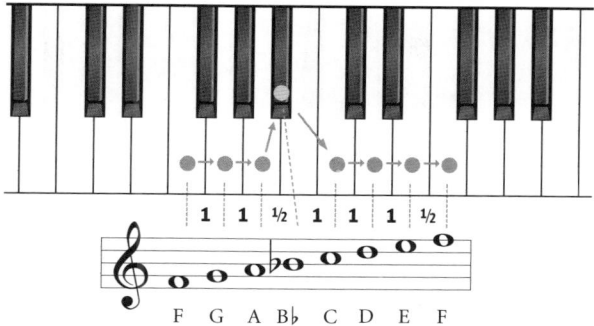

F G A B♭ C D E F

Um die F-Durtonleiter zu spielen, muss das B um einen Halbton erniedrigt werden; nun ist die Anordnung der Schritte innerhalb der Tonleiter berichtigt.

G-Dur

F-Dur wurde durch Hinzufügen eines ♭ „korrigiert". Andere Tonleitern benötigen ein ♯ oder eine Anzahl von ♯ und ♭. Die G-Durtonleiter zum Beispiel. Wenn du auf den weißen Tasten von G nach G gehst, wirst du merken, dass die Anordnung der letzten beiden Schritte von der Durtonleiter abweicht.

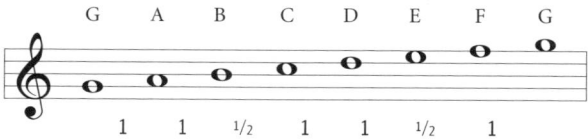

Die Stammtonreihe von G. Die Anordnung der letzten beiden Schritte entspricht nicht der Durtonleiter.

Ein F mit einem ♯

Wenn du von E nach F gehst, stimmt etwas nicht. Das ist nämlich ein Halbton, sollte aber eigentlich ein Ganzton sein. Die Lösung? Erhöhe das F um einen Halbton durch Hinzufügen eines ♯. Dann wird der *letzte* Schritt automatisch von einem Ganzton zu einem Halbton, und genau das brauchen wir in einer Durtonleiter. Das Ergebnis? Die G-Durtonleiter.

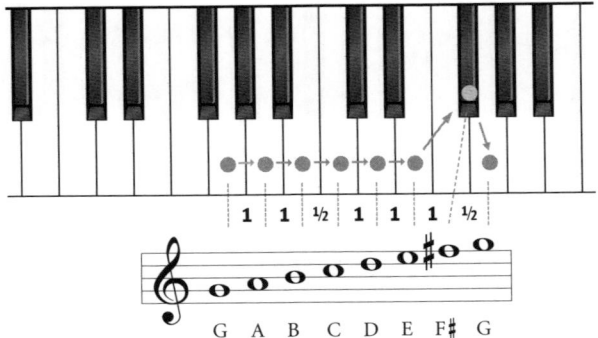

G A B C D E F♯ G

Die G-Durtonleiter; um die Anordnung der Schritte zu korrigieren, wurde das F erhöht.

Nach dem Notenschlüssel

Stücke in G-Dur haben nicht etwa vor jedem F ein ♯. Stattdessen ist ein einziges ♯ gleich nach dem Notenschlüssel notiert. Dieses ♯, das *Vorzeichen*, macht aus allen F ein F♯. Die Vorzeichen können von keine bis zu sieben ♯ oder ♭ gehen. Ein Beispiel: Um sämtliche Ganz- und Halbtöne in der Tonart E♭-Dur in die richtige Anordnung zu bekommen, sind drei ♭ vorgezeichnet: B♭, E♭ und A♭.

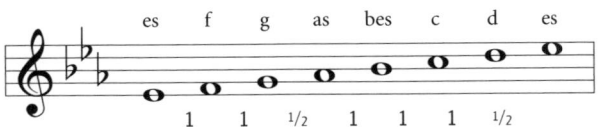

es f g as bes c d es

Die E♭-Durtonleiter, mit drei ♭

Die Durtonleitern

Die restlichen Durtonleitern erhält man auf exakt dieselbe Weise. Sie sind allesamt in der folgenden Liste enthalten, mit Namen und Anzahl der Vorzeichen. Wenn du sehen möchtest, wie sie im Notensystem aussehen, dann gehe zu Seite 155.

Immer gleich

Obige Liste zeigt, dass die ♯ und ♭ sozusagen immer „in derselben Anordnung" auftauchen. Um uns das Leben noch mehr zu erleichtern, beziehen sich die ♯ und ♭ in den Vorzeichen immer auf dieselben Noten; ist ein ♯ vorgezeichnet, dann kommt statt F immer F♯. Zwei ♯ als Vorzeichen bedeuten immer F♯ und C♯.

DURTONLEITERN

Tonart		Zahl der ♯ und ♭	Vorzeichen
C-Dur	C	Kein ♯, kein ♭	
G-Dur	G	1 ♯	F♯
D-Dur	D	2 ♯♯	F♯, C♯
A-Dur	A	3 ♯♯ ♯	F♯, C♯, G♯
E-Dur	E	4 ♯♯ ♯♯	F♯, C♯, G♯, D♯
B-Dur	B	5 ♯♯ ♯♯ ♯	F♯, C♯, G♯, D♯, A♯
F♯-Dur	F♯	6 ♯♯ ♯♯ ♯♯	F♯, C♯, G♯, D♯, A♯, E♯
G♭-Dur	G♭	6 ♭♭ ♭♭ ♭♭	B♭, E♭, A♭, D♭, G♭, C♭
D♭-Dur	D♭	5 ♭♭ ♭♭ ♭	B♭, E♭, A♭, D♭, G♭
A♭-Dur	A♭	4 ♭♭ ♭♭	B♭, E♭, A♭, D♭
E♭-Dur	E♭	3 ♭♭ ♭	B♭, E♭, A♭
B♭-Dur	B♭	2 ♭♭	B♭, E♭
F-Dur	F	1 ♭	B♭

Die F♯-Dur- und G♭-Durtonleitern klingen gleich; sie sind enharmonisch (siehe Seite 44)

Die Anzahl sagt alles aus

Drei ♭ bedeuten immer, dass das B zu B♭, das E zu E♭ und das A zu A♭ wird. Mit anderen Worten, die Anzahl der ♯ und ♭ in einem Stück verrät dir sogleich, welche Noten erhöht oder erniedrigt werden müssen – vorausgesetzt, du weißt das alles auswendig (bzw. solange du dieses Buch zur Hand hast).

Nicht so schwer

Ein Stück mit vier oder fünf ♯ oder ♭ sieht viel komplizierter aus, als es in Wirklichkeit ist. Ehrlich. Schon nach kurzer Zeit am Instrument wirst du schnell merken, dass du genau weißt, auf welche Töne sich diese ♯ und ♭ beziehen. Und sobald du das hinter der Anordnung von ♯ und ♭ steckende System begriffen hast, lebt es sich noch viel leichter. Aber zunächst noch etwas anderes. Einiges Andere.

Ein bisschen anders

Wenn die Anordnung der Töne und Halbtöne in all diesen Durtonleitern immer dieselbe ist, warum schreibt man dann nicht alles in C-Dur? Wäre ohne diese ♯ und ♭ nicht alles einfacher? Ja, natürlich. Aber dann wäre auch alles viel monotoner (was übrigens soviel wie „ein Ton" bedeutet). Mehr noch. Ein Stück in F-Dur klingt nicht nur *höher* als dasselbe Stück in C-Dur, sondern auch ein bisschen anders. Und zwar deshalb, weil jede Tonart, wie auch jede Farbe, ihre ganz eigene Wirkung hat. Dieser Unterschied ist vielleicht größer als du denkst; Komponisten wählen oft ganz bewusst eine bestimmte Tonleiter für ein bestimmtes Stück.

MOLL

Offensichtlich gibt es ebenso viele Molltonleitern wie Durtonleitern. Zunächst nur ein paar Beispiele, später werden dann alle aufgelistet.

Von A nach A: A-Moll

Wenn du die Stammtonreihe von A nach A spielst, dann ist die Anordnung der Ganztöne (G) und Halbtöne (H) wie folgt: G, H, G, G, H, G, G. Das ist die A-Molltonleiter.

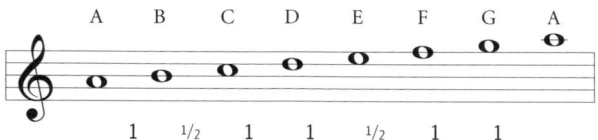

Die A-Molltonleiter

C-Moll

Um dieselbe Anordnung zu erhalten, wenn du mit C beginnst, musst du drei Töne der Stammtonreihe erniedrigen; B wird zu B♭, E zu E♭ und A zu A♭. So erhältst du die C-Molltonleiter.

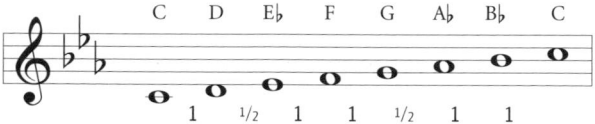

C-Moll: eine Tonleiter mit drei ♭ nach dem Notenschlüssel.

Die erniedrigte dritte Note

Spielst du eine Molltonleiter direkt nach einer Durtonleiter, dann hörst du den größten Unterschied in der dritten Note. In C-Dur ist die dritte Note ein E; in C-Moll wird aus dem E ein E♭. Der Unterschied im Charakter zwischen C und C-Moll besteht häuptsächlich in dieser dritten Note. Das ist noch deutlicher zu hören, wenn du C-E-G gleichzeitig spielst, als Akkord, und dann C-E♭-G.

Molltonleitern

Die Anordnung der ♯ und ♭ ist bei den Molltonleitern dieselbe wie bei den Durtonleitern.

MOLLTONLEITERN

Tonart		Zahl der ♯ und ♭	Vorzeichen
A-Moll	A	Kein ♯, kein ♭	
E-Moll	E	1 ♯	F♯
B-Moll	B	2 ♯♯	F♯, C♯
F♯-Moll	F♯	3 ♯♯ ♯	F♯, C♯, G♯
C♯-Moll	C♯	4 ♯♯ ♯♯	F♯, C♯, G♯, D♯
G♯-Moll	G♯	5 ♯♯ ♯♯ ♯	F♯, C♯, G♯, D♯, A♯
D♯-Moll	D♯	6 ♯♯ ♯♯ ♯♯	F♯, C♯, G♯, D♯, A♯, E♯
E♭-Moll	E♭	6 ♭♭ ♭♭ ♭♭	B♭, E♭, A♭, D♭, G♭, C♭
B♭-Moll	B♭	5 ♭♭ ♭♭ ♭	B♭, E♭, A♭, D♭, G♭
F-Moll	F	4 ♭♭ ♭♭	B♭, E♭, A♭, D♭
C-Moll	C	3 ♭♭ ♭	B♭, E♭, A♭
G-Moll	G	2 ♭♭	B♭, E♭
D-Moll	D	1 ♭	B♭

Die D♯-Moll- und E♭-Molltonleitern klingen gleich; sie sind enharmonisch (siehe Seite 44).

DER SKALENSCHIEBER

Der Skalenschieber auf Seite 154 ist ein praktisches Hilfsmittel zum Nachschlagen der zu den jeweiligen Dur- und Molltonleitern gehörenden Noten. Der Schieber demonstriert auch ganz eindeutig, dass die Schritte in den Durtonleitern, unabhängig von der Anfangsnote, konstant bleiben. Dasselbe gilt natürlich auch für die Molltonleitern.

SCHREIBEN UND SPIELEN

Eine gute Methode zum Kennenlernen und Verstehen der Tonleitern ist das Aufschreiben. Wie sieht denn z. B. eine

E-Durtonleiter aus. Nimm ein Stück Notenpapier und zeichne alle Stammtöne von E bis E. Markiere, falls notwendig, mit dem Kreis auf Seite 73 die Schritte (Ganz- und Halbtöne) unter den Noten. Korrigiere dann mit Versetzungszeichen die Anordnung der Ganz- und Halbtöne durch Erhöhen oder Erniedrigen „falscher" Noten. Fertig.

Ist es richtig?

Deine Ohren sagen dir, ob das, was du gemacht hast, richtig ist. Und wenn nicht, dann vergleich deine Tonleiter mit den Tonleitern auf Seite 155. Diese Tonleitern eignen sich auch hervorragend zum Üben; spiele sie alle, von unten nach oben und von vorne nach hinten in verschiedenen Tempi.

KLEINE ZWISCHENSCHRITTE

Die meisten Stücke basieren auf den Tönen einer Tonleiter. Das bedeutet aber nicht, dass andere Töne verboten sind. Solche Zwischenschritte können ziemlich oft verwendet werden, und zwar sowohl in Heavy Metal als auch in klassischer Musik und einer breiten Palette anderer Musikstile.

Modulation

Eine weitere Art von Zwischenschritt; manchmal muss man in einem Stück die gesamte Tonart wechseln. In diesem Fall spricht man von *Modulation*. Nach einer Modulation geht das Stück normalerweise wieder in die Anfangstonart zurück.

11. DER QUINTENZIRKEL

Die feste Anordnung von ♯ und ♭ ist kein Zufall. Dahinter steckt ein System. Der Quintenzirkel, der auf diesem System basiert, zeigt dir auf einen Blick, wie viele ♯ oder ♭ eine bestimmte Tonleiter enthält. Und dann gibt es da noch einige Tricks, um sich das alles zu merken.

Im letzten Kapitel hast du gesehen, dass C-Dur weder ♯ noch ♭ enthält. G-Dur hat ein ♯ (F♯). D-Dur zwei (F♯, C♯), und A-Dur drei (F♯, C♯, G♯). Und so weiter.

Eine Quinte höher

Der Abstand zwischen C (der Durtonleiter ohne ♯) und G (mit einem ♯) beträgt fünf Noten. Der musikalische Fachausdruck für diesen Abstand heißt *Quinte*; G ist eine Quinte höher als C. Von G auf D geht man erneut eine Quinte nach oben, und die D-Durtonleiter erhält ein zusätzliches ♯. Von D nach A beträgt der Abstand eine weitere Quinte, und die A-Durtonleiter erhält ebenfalls ein weiteres ♯.

C D E F **G** A B C
G A B C **D** E F♯ G
D E F♯ G **A** B C♯ D

Beginnt man die nächste Tonleiter fünf Töne *höher*, dann wird jedesmal ein ♯ hinzugefügt.

Die erhöhte Septime

Das ist beileibe nicht die einzige Konstante. Du kannst auch sehen, dass in jeder folgenden Tonleiter die *siebte Note* oder *Stufe* erhöht ist; F♯ ist die siebte Note der G-Durtonleiter. Und C♯, die zweite Note mit einem ♯, ist die siebte Note der D-Durtonleiter. Und so weiter.

Hören

Dass es um die siebte Note geht, kannst du auch hören. Spiel einfach alle weißen Noten von C nach C und dann noch einmal von G nach G; du wirst merken, dass sich beim Spielen der siebten Note etwas verändert hat. Sobald die diese Note erhöhst (F zu F♯), hörst du wieder den Klang einer Durtonleiter.

♭: eine Quinte tiefer

Tonleitern mit einem oder mehreren ♭ funktionieren ganz ähnlich. Um die nächste Tonleiter zu finden, zählst du fünf Noten zurück; du beginnst eine Quinte tiefer. C-Dur enthält keine ♭. F-Dur (eine Quinte tiefer) hat eines. B♭-Dur (wieder eine Quinte tiefer) enthält zwei. Und so weiter.

$$\textbf{C}\ \text{D}\ \text{E}\ \textbf{F}\ \text{G}\ \text{A}\ \text{B}\ \text{C}$$
$$\text{F}\ \text{G}\ \text{A}\ \textbf{\textit{B}}\flat\ \textbf{C}\ \text{D}\ \text{E}\ \textbf{F}$$
$$\textit{B}\flat\ \text{C}\ \text{D}\ \textbf{\textit{E}}\flat\ \text{F}\ \text{G}\ \text{A}\ \textbf{\textit{B}}\flat$$

Jedesmal, wenn du eine Tonleiter eine Quinte tiefer beginnst, wird ein ♭ hinzugefügt.

Die erniedrigte vierte Note

Bei jeder folgenden Durtonleiter mit ♭ wird die vierte Note dieser neuen Tonleiter erniedrigt; B♭ ist die vierte Note der F-Durtonleiter. E♭ ist die vierte Note der B♭-Durtonleiter. Und so weiter.

DER QUINTENZIRKEL

Mit dem *Quintenzirkel* hast du sämtliche Durtonleitern zur Hand. Wenn du mit C beginnst und im Uhrzeigersinn weitergehst, siehst du, dass pro aufeinander folgende Tonleiter ein ♯ hinzugefügt wird. Gehst du gegen den Uhrzeigersinn, dann wird jedesmal ein ♭ addiert.

Wie eine Uhr

Wie eine Uhr, so ist auch der Quintenzirkel in zwölf Teile geteilt. Der Abstand zwischen den Ziffern auf dem Zifferblatt beträgt jedesmal fünf Minuten. In ähnlicher Form beträgt der Abstand zwischen den Tonleitern des Zirkels immer fünf Noten oder eine Quinte. Eine Quinte im Uhrzeigersinn von oben: ein ♯ wird hinzugefügt. Eine Quinte gegen den Uhrzeigersinn von oben: ein weiteres ♭ erscheint.

Wie viele ♯ oder ♭

Neben dem Quintenzirkel kannst du dir die Zahl der ♯ und ♭ leicht mit den folgenden beiden Eselsbrücken merken. Beide helfen dir auf unterschiedliche Weise, die Tonart durch Zählen der ♯ und ♭ zu ermitteln. Und beide sind im Quintenzirkel enthalten.

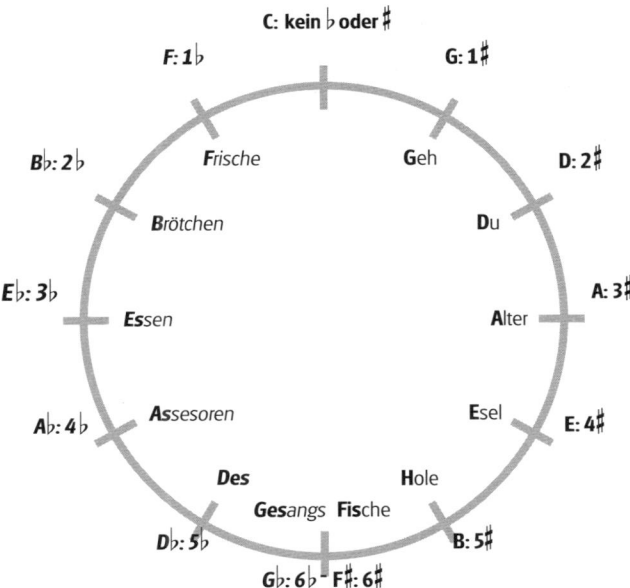

Der Quintenzirkel mit allen Durtonleitern.

Durtonleiter mit ♯

Geh (1) **d**u (2) **a**lter (3) **E**sel (4), **h**ole (5) **Fis**che (**F♯-Dur**: 6 ♯). Die G-Durtonleiter hat ein ♯, D-dur zwei usw.

Durtonleiter mit ♭

Frische (1) **B**rötchen (2) **es**sen (3) **As**sesoren (4) **des** (5) **Ges**angs (**G♭-Dur**: 6 ♭). F-Dur hat ein ♭, B♭-Dur zwei, E♭-Dur drei usw.

Enharmonisch gleich

Am unteren Ende des Kreises treffen sich ♯ und ♭; die Gb-Durtonleiter mit sechs ♭ und die F♯-Durtonleiter mit sechs ♯. Solltest du ein Stück in diesen beiden Tonarten schreiben, würde es auf dem Papier unterschiedlich aussehen, aber genau gleich klingen. Mit anderen Worten, Gb und F♯ sind enharmonische Tonleitern (siehe Seite 44). Ebenso würde ein Stück mit sieben ♭ genauso klingen wie dasselbe Stück mit fünf ♯ (oder umgekehrt). Das erklärt auch, weshalb man nur sehr selten sieben Vorzeichen sieht. Man kommt immer mit weniger aus.

Die Molltonleitern

Auch die Molltonleitern finden im Quintenzirkel Platz. Der vollständige Zirkel mit allen Dur- und Molltonleitern ist auf Seite 103 abgebildet. Im selben Kapitel siehst du auch, wie sich Dur- und Molltonleitern zueinander verhalten. Es ist zwar schön, dass es eine Eselsbrücke gibt, die einem sagt, dass vier ♭ die Ab-Durtonleiter vorgeben – aber dieselben vier ♭ weisen ebenso auf eine F-Molltonleiter hin.

12. INTERVALLE

In den vorangegangenen Kapiteln hast du bereits die Oktave und die Quinte als Namen für „musikalische Abstände" zwischen zwei Noten kennen gelernt. Die offizielle Bezeichnung dafür lautet Intervalle. Wie die Tonleitern, so haben auch die Intervalle ihren ganz eigenen, spezifischen Charakter.

Spiel mal ein C und ein G zusammen und anschließend ein C und ein Des. Die erste Kombination klingt gut, die zweite ziemlich fies. Vom Effekt dieser Unterschiede im Charakter oder in den Farben wird erfreulicherweise in fast allen Musikstilen Gebrauch gemacht.

Die Namen

Die Namen der Intervalle stammen aus dem Lateinischen. In der Tabelle auf der nächsten Seite sind die Namen der Basisintervalle angezeigt. Es gibt dort für jedes Intervall ein Beispiel, jeweils mit C als Ausgangston, und es gibt Beispiele für Wörter, die es dir erleichtern sollen, die Intervallnamen zu merken.

Sekunde, Terz, Quarte, Quinte

G ist die fünfte Stufe (die fünfte Note) der C-Durtonleiter. Der Name des Intervalls (C-G) lautet Quinte. Die Bezeichnungen für die Intervalle basieren ganz einfach auf den *Stufen* innerhalb der Durtonleiter. C auf D ist eine Sekunde, C auf E eine Terz usw.

Prime und Oktave

Die Prime ist das kleinste Intervall. Man spielt es, indem man dieselbe Note wiederholt. Das Wort Oktave stammt vom lateinischen Wort octo ab und bedeutet acht, wie in Oktopus, das ist ein Tintenfisch mit acht Armen. Die Oktave ist die achte Stufe in einer Durtonleiter. Von C zum nächsten C oder von F♯ zum nächsten F♯ usw.

Intervall	Töne	Zahl der Stammtöne	wie in
Prime	c-c	eins	*französisch:* première, das erste Mal
Sekunde	c-d	zwei	*englisch:* second, der/die/das Zweite
Terz	c-e	drei	*englisch:* third, der/die/das Dritte
Quarte	c-f	vier	Quartett, Gruppe mit vier Musikern
Quinte	c-g	fünf	Quintett, Gruppe mit fünf Musikern
Sexte	c-a	sechs	*englisch:* six, sechs
Septime	c-b	sieben	*französisch:* sept, sieben
Oktave	c-c	acht	Oktopus: Tintenfisch mit acht Armen

Im Notensystem

Im Notensystem sehen die acht Grundintervalle der C-Durtonleiter wie folgt aus:

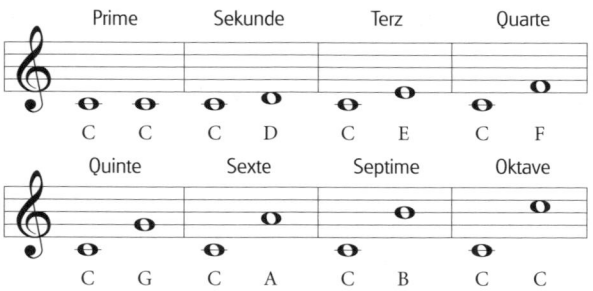

Die Intervalle von C-Dur.

Weglassen der ♯ und ♭

Um herauszufinden, mit welchem Intervall du es gerade zu tun hast, musst du keinesfalls alle Tonleitern auswendig kennen. Ein Grundintervall erkennst du durch Weglassen sämtlicher ♯ und ♭ und Zählen der weißen Tasten auf der Tastatur. Welches Intervall ist also F-B♭? Lass das ♭ weg und zähle von F nach B: F, G, A, B. Vier weiße Tasten, also ist es eine Quarte. Aber es kommt natürlich noch mehr. Lies weiter.

REIN UND GROSS

Der Abstand von C nach G beträgt eine Quinte. C nach A ist eine Sexte. Wie steht's aber nun mit C-Gis, genau in der Mitte zwischen G und A? Für die Abstände dazwischen sind zusätzliche Bezeichnungen nötig. Sie scheinen ein bisschen kompliziert zu sein, da es viele unterschiedliche Namen für sie gibt – aber so ist das nun mal.

Rein und groß

In den folgenden Beispielen wird die C-Durtonleiter verwendet. Zunächst unterteilen wir die acht Grundintervalle der Tonleiter in reine und große Intervalle.

Reine Intervalle

Vier Intervalle bezeichnet man als rein, weil sie einen und braven fast „reinen" Klang besitzen; Prime (C-C), Quarte (C-F), Quinte (C-G) und Oktave (C-C). Die Töne dieser vier Intervalle scheinen fast zu verschmelzen. Gleichzeitig angespielt neigen sie dazu, wie ein einzelner Ton zu klingen; vor allem die Oktave.

Große Intervalle

Die anderen vier Intervalle derselben Tonleiter sind *große* Intervalle; Sekunde (C-D), Terz (C-E), Sexte (C-A), und Septime (C-B). Beim Spielen wirst du hören, dass sie deutlich anders klingen. Vor allem Sekunde und Septime klingen deutlich weniger brav als die reinen Intervalle, während Terz und Sexte irgendwo dazwischen liegen.

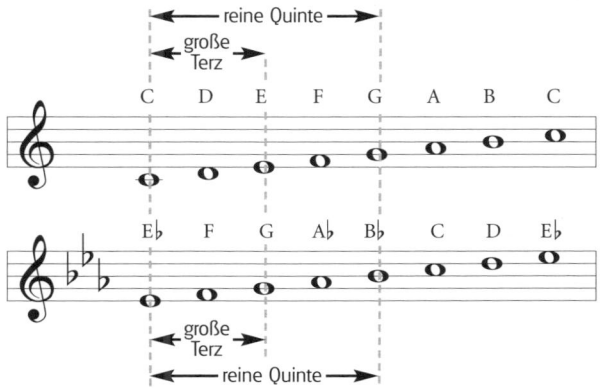

Intervalle vom Grundton aufwärts: in jeder Durtonleiter dieselben.

Alle Durtonleitern

Vom Grundton aufwärts besteht jede Durtonleiter, unabhängig von der Tonart, aus reinen und großen Intervallen.

KLEIN, VERMINDERT UND ÜBERMÄSSIG

Verkleinert oder vergrößert man ein Intervall um einen Halbton, dann ändert es seinen Namen. Man kann unschwer erraten, was diese neuen Namen bedeuten; verminderte und kleine Intervalle wurden um einen Halbton verkleinert, ein übermäßiges Intervall natürlich vergrößert. Die einzige Schwierigkeit besteht darin, welche Bezeichnung in welchem Fall zu verwenden ist.

Rein, vermindert und übermäßig

Wenn du ein reines Intervall um einen Halbton verkleinerst (C-G > C-G♭), dann wird es *vermindert*.
Wenn du ein reines Intervall um einen Halbton vergrößerst (C-G < C-G♯), dann wird es *übermäßig*.

vermindert < *verkleinern* – **REIN** – *vergrößern* > **übermäßig**

Groß, klein und übermäßig

Wenn du ein großes Intervall um einen Halbton verkleinerst (C-A > C-A♭), dann wird es *klein*.
Wenn du ein großes Intervall um einen Halbton vergrößerst (C-A < C-A♯), dann wird es *übermäßig*.

klein < *verkleinern* – **GROSS** – *vergrößern* > **übermäßig**

Klein noch weiter verkleinert

Ein kleines Intervall kann noch einmal verkleinert werden; dann wird es ein vermindertes Intervall.

Durtonleitern

Vom Grundton aufwärts bestehen Durtonleitern aus reinen und großen Intervallen. Vom Grundton abwärts dagegen besteht dieselbe Tonleiter aus reinen und kleinen Intervallen.

FÜNFZEHN INTERVALLE

Unten siehst du fünfzehn gebräuchliche Intervalle. Die reinen und großen Intervalle sind in der ersten Spalte aufgelistet, die kleinen und verminderten in der zweiten und die übermäßigen in der dritten. Es existieren noch weitere Intervalle, wie die übermäßige Prime (C−C♯), aber sie sind eher selten.

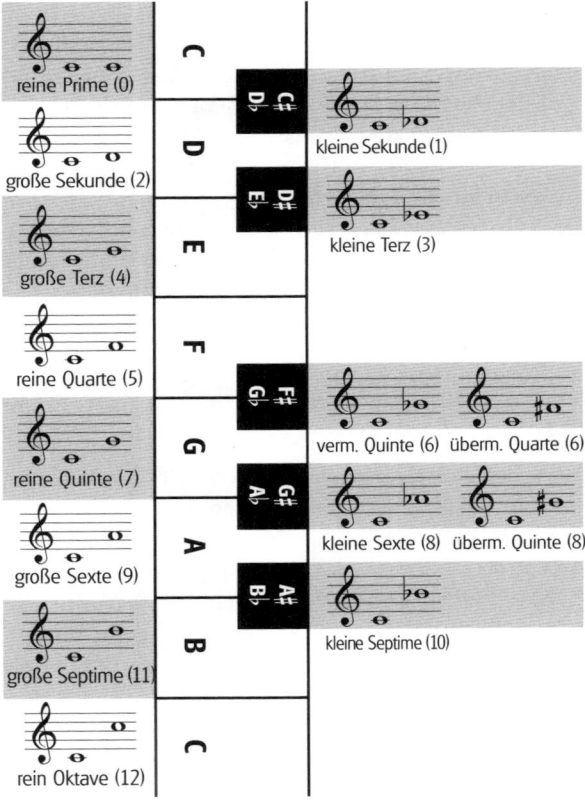

Fünfzehn Intervalle auf den Grundton C bezogen. Die Anzahl der Halbtöne für jedes Intervall ist in Klammern angegeben.

Derselbe Klang, ein anderer Name

So, wie schwarze Tasten zwei Namen besitzen, haben auch bestimmte Intervalle zwei verschiedene Bezeichnungen. Es handelt sich hierbei um *enharmonische Intervalle* (siehe

Seite 44). Ein Beispiel: die Intervalle C-G♯ und C-A♭ umfassen beide acht Halbtöne. Aus diesem Grund klingen sie gleich. Dennoch ist C-G♯ eine übermäßige Quinte, und C-A♭ eine kleine Sexte.

Größer

Wenn du es hauptsächlich mit Akkorden in Rock- oder Jazzmusik und vielen anderen Musikstilen zu tun hast, werden dir häufig noch größere Intervalle begegnen. C auf D in der nächsten Oktave ist eine *None* (neun), und du wirst sogar auf eine *Undezime* (elf) oder *Tredezime* (dreizehn) stoßen. Natürlich können auch diese größeren Intervalle mit ♯ und ♭ verwendet werden. Ein C9/♯11-Akkord z. B. besteht aus C, E, (G), B♭, D (9) und F♯ (♯11).

Dasselbe für alle Tonleitern

Die Beispiele von Intervallen in diesem Kapitel stammen allesamt aus der C-Durtonleiter, beginnend beim Grundton C. Natürlich sind die Intervallbezeichnungen bei allen anderen Durtonleitern genau dieselben. C-E♭ ist eine kleine Terz, ebenso F-A♭. A ist die dritte Stufe von F-Dur. F-A ist eine große Terz, und F-A♭ eine kleine Terz.

Hilfe

Und nochmals: Ist eine schwarze Taste Teil eines Intervalls, und du möchtest das Intervall benennen, brauchst du lediglich das ♯ oder ♭ wegzulassen und die weißen Tasten zählen, die du überbrückst. Zwei Beispiele:

- Was ist D-A♭? Lass das ♭ weg. Zähl von D-A, wobei du auf fünf Noten triffst (D, E, F, G, A). Die Antwort? D-A ist eine Quinte, also ist D auf A♭ eine verminderte Quinte.
- Und wie steht's mit D-G♯? Der Klang ist derselbe, aber das Intervall ist eine übermäßige Quarte; D-G umspannt vier weiße Noten.

Aufsteigend und absteigend

Wenn du auf C beginnst und fünf Stammtöne aufwärts nach G gehst, spielst du eine Quinte. Nimm dasselbe C und gehe vier weiße Noten abwärts, wieder auf G, und du spielst eine Quarte. Du spielst also zweimal C-G, aber das zweite Intervall unterscheidet sich vom ersten? Der Grund dafür ist, dass du das erste aufsteigend und das zweite absteigend gespielt hast. Die Regel ist einfach: Um das Intervall zu benennen, zählst du immer die Anzahl der Stammtöne von der ersten bis zur zweiten Note.

Bekannte Stücke

Um zu lernen, die Intervalle nach Gehör zu erkennen, verwendet man am besten ein paar bekannte Stücke als Beispiel. Am Ende dieses Kapitels sind einige Beispiele solcher Songs angeführt.

KONSONANT UND DISSONANT

Man kann die Intervalle auch in konsonante und dissonante aufteilen.

Dissonant

Dissonant bedeutet wörtlich „nicht zusammenklingend". Die Noten in einem dissonanten Intervall scheinen nicht in Übereinstimmung zu sein. Sie sind nicht etwa falsch, und ihr Zusammenklang ist auch nicht abstoßend oder weniger attraktiv, aber es scheint eine Spannung zwischen ihnen zu existieren.

Der Name sagt es bereits

Dissonante Intervalle sind die große und kleine Sekunde, die große und kleine Septime, die übermäßige Quarte und die verminderte Quinte. Du musst sie dir nicht sofort merken, aber wenn du sie spielst, hörst du sofort, warum sie dieselbe Eigenschaft haben.

Konsonant

Konsonant ist das Gegenteil von dissonant. Die Töne eines konsonanten Intervalls scheinen miteinander zu verschmelzen. Sie bieten die „Entspannung", nach der die Spannung in dissonanten Intervallen zu streben scheint.

(Un)vollkommen konsonant

Die konsonanten Intervalle können noch einmal in *vollkommen* und *unvollkommen konsonante* Intervalle unterteilt werden, wobei unvollkommen bedeutet, dass sie lediglich etwas weniger vollkommen oder rein sind …

• Vollkommen konsonante Intervalle sind die reine Prime sowie die Quarte, Quinte und Oktave.

- Unvollkommen konsonante Intervalle sind große und kleine Terzen sowie große und kleine Sexten.

Auflösung

Praktisch in jedem Musikstil hörst du ein Wechselspiel zwischen der Spannung der dissonanten Intervalle und der Entspannung der konsonanten. Für westliche Ohren strebt ein dissonantes Intervall nach einem konsonanten. Mit anderen Worten, ein dissonantes Intervall verlangt nach *Auflösung* in ein konsonantes. Willst du wissen, wie das klingt? Dann spiele zunächst die Töne C-F♯ zusammen und anschließend C-G.

Harmonielehre

Die Erforschung des Wechselspiels zwischen Spannung und Entspannung in Vergangenheit und Gegenwart heißt *Harmonielehre*. Die Harmonielehre hilft dir z. B. beim Schreiben oder Arrangieren deiner Musik. Mehr darüber kannst du in einem weiteren Pocket-Info lesen.

Intervallerkennung

Eine weitere gute Lernmethode zur Erkennung der Intervalle nach Gehör ist das Ausknobeln bekannter Melodien, die man ohne Noten nachzuspielen versucht. Als Alternative kannst du auch einen Freund die Intervalle für dich spielen lassen und sehen, ob du sie erkennst oder ein Computerprogramm bzw. käuflich erhältliche Bänder zu diesem Zweck verwenden. Diese Art von Übung nennt man *Gehörbildung* oder *Solfège*.

Bekannte Stücke

Die einfachste Methode, sich den Klang eines Intervalls einzuprägen, ist jedoch, ein Stück zu kennen, das mit diesem Intervall beginnt. Nachfolgend findest du als Beispiel einige Stücke, von denen jedes mit einem anderen Intervall beginnt. Solltest du den Titel des einen oder anderen Stücks nicht gleich erkennen, spiel es einfach. Wahrscheinlich erkennst du es dann.

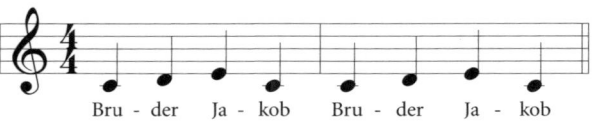

Große Sekunde: Bruder Jakob

A - las, my love – you do me wrong.

Kleine Terz: Greensleeves

Oh, when the Saints go march-ing in oh, when the

Große Terz: Oh, When The Saints

Ein Jä - ger aus Kur - pfalz,

Reine Quart: Ein Jäger aus Kurpfalz

Mor - gen kommt der Weih - nachts - mann,

Reine Quinte: Morgen kommt der Weihnachtsmann

Mit diesen Stücken kann man sich die Intervalle leicht einprägen.

13. MEHR ÜBER DUR UND MOLL

Es gibt noch mehr über Dur und Moll zu erzählen als du bisher gelesen hast. Weitere Bezeichnungen, Variationen der Molltonleiter, parallele Moll- und Durtonarten. Wenn du z. B. Songs transkribieren möchtest, musst du über diese „parallelen" Tonleitern Bescheid wissen. Und auch in der Lage sein, den Grundton zu finden. Das klingt schwieriger als es ist, da vier Seiten ausreichen, um alles vollständig zu erklären. Zunächst zu den Grundlagen.

Ein Großteil der Musik, die du hörst, ist entweder in Dur oder in Moll geschrieben. Sie sind die beiden wichtigsten *Modi*, und sie tragen die unterschiedlichsten Namen; Namen, die aus verschiedenen Ländern stammen, und Namen, die sich aus unterschiedlichen Stilen ableiten.

Große Terz, kleine Terz
Ein wichtiger Unterschied zwischen Dur und Moll ist der Abstand zwischen dem Grundton und der dritten Stufe der Tonleiter. In einer Durtonleiter ist das eine große Terz (C-E), und in einer Molltonleiter, wie du bereits vermutest, eine kleine Terz (C-E♭).

Klassische Musik
Wird bei einem klassischen Musikstück ohne weitere Angaben darauf hingewiesen, dass es „in C" steht, dann ist C-Dur gemeint. Wird ein Kleinbuchstabe verwendet (c anstatt C), dann ist das Stück wahrscheinlich in C-Moll gehalten – was jedoch in den meisten Fällen genauer spezifiziert wird. Sehr häufig werden auch einfach nur die deutschen Begriffe *Dur* und *Moll* verwendet.

Nichtklassische Musik

In anderen Musikstilen ist obengenannter Fall die Norm und, falls notwendig, folgen Abkürzungen. Ein einfaches großes *C* steht für C-Dur. Manchmal wird auch aus Gründen der Klarheit *maj* nach dem Buchstaben C geschrieben. Für C-Moll gibt es verschiedene Schreibweisen. Einige Beispiele sind *Cmin*, *Cm* und *C-*.

Kirchentonleitern bzw. Kirchenmodi

Dur und Moll sind *Kirchenmodi*. Diese Kirchenmodi stammen aus dem Mittelalter. Damals wurde Dur *ionisch* genannt, und der Name für die Molltonleiter war *äolisch*. Diese Namen werden von Zeit zu Zeit immer noch verwendet. Willst du mehr über diese Kirchenmodi wissen? Dann gehe zu Kapitel 14.

Dur	Moll
C	c
maj	min, m, -
Dur	Moll
Ionisch	Äolisch

Unterschiedliche Namen für die beiden wichtigsten Modi.

Andere Molltonleitern

Die Durtonleiter besitzt eine spezielle Eigenschaft, die du in der regulären Molltonleiter nicht findest; den sogenannten *Leitton*, der die Musik eindeutig zum Grundton „leitet". Das folgende Beispiel demonstriert die wichtige Bedeutung dieses Leittons.

In C-Dur ist B der Leitton. Da es von B nach C nur ein Halbtonschritt ist, führt der erste Ton zum letzteren; die siebte Note (B) führt zur achten (C)

Leitton

Das B führt zum C.

Zwei Varianaten

Der normalen Molltonleiter fehlt der Leitton, da der Abstand zwischen der siebten und achten Stufe ein Ganzton ist. Das ist schade, weil der Leitton dem Hörer einen sehr dankbaren Nachhauseweg zurück zum Grundton liefert. Der letzte Halbton lässt keine Zweifel über die Richtung der Melodie zu.

Um denselben Effekt in einer Molltonleiter zu erhalten, haben sich zwei Varianten dieser Tonleiter entwickelt: *harmonisch Moll* und *melodisch Moll*. Beide findest du in einer Menge unterschiedlicher Stilrichtungen, von Klassik über Jazz bis Rock.

Versetzungszeichen

Harmonisch Moll und melodisch Moll sind Varianten der Molltonleiter, und sie werden fast immer mit Versetzungszeichen notiert. Die Vorzeichen der eigentlichen Molltonleiter findest du beim Notenschlüssel.

Harmonisch Moll

In *harmonisch Moll* wird die siebte Note der Molltonleiter um einen Halbton erhöht. Das verringert natürlich den Abstand zwischen der siebten und der achten Stufe von einem Ganzton zu einem Halbton. Den Effekt hörst du in der folgenden Melodie in D-Moll:

D-Moll ohne Leitton.

Wenn du die siebte Stufe (C) erhöhst, klingt dieselbe Melodie wie folgt:

D-Moll harmonisch: dasselbe Stück, jetzt aber mit Leitton.

C♯ leitet nach D

Beim Spielen beider Melodien hörst du ganz deutlich, dass das C♯ in der zweiten Version eher zum D leitet als das C in der ersten Version. Das C wird zu einem Leitton, indem man es zu einem Cis erhöht. D-Moll harmonisch sieht so aus:

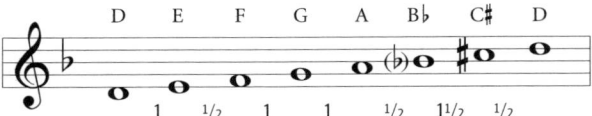

D-Moll harmonisch

Von Barock zu Metal

Den charakteristischen Klang von harmonisch Moll kann man häufig in klassischen Kompositionen hören, vor allem aus der Barockzeit (ca. 1600–1750, z. B. in den Werken von J.S. Bach), aber ebenso gut in lateinamerikanischer Musik, Rock und Heavy Metal sowie östlicher Musik. Das bekannte israelische Lied *Hava Nagila* ist nur ein Beispiel.

G-Moll harmonisch in *Hava Nagila*. Das F♯ ist die erhöhte siebte Note.

Melodisch Moll

Durch die Erhöhung der siebten Stufe um einen Halbton wird der Abstand zwischen der sechsten und siebten Stufe zu einem Ganzton plus einem Halbton. Dieser „Sprung" ist ein spezifisches Merkmal der harmonischen Molltonleiter. Bei bestimmten Melodien liegt er aber sehr ungünstig – vor allem Sänger haben manchmal Schwierigkeiten damit. *Melodisch Moll* löst dieses Problem durch Erhöhung der siebten und der sechsten Stufe.

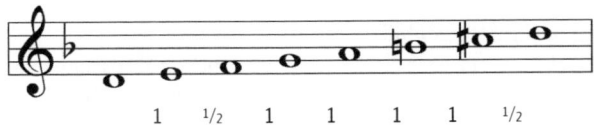

D-Moll melodisch; die siebte und die sechste Stufe sind erhöht.

Vorzeichen und Versetzungszeichen

Und nochmals: harmonisch und melodisch Moll sind Varianten der regulären Molltonleitern. Die Vorzeichen beim

Notenschlüssel geben die eigentliche Molltonleiter an, während die Varianten durch *Versetzungszeichen* angezeigt werden. Im Beispiel unten, in D-Moll, siehst du sie vor B (einem erhöhten B♭) und C♯ (dem erhöhten C).

Melodie in D-Moll melodisch: das B♭ wird mittels eines Auflösungszeichens erhöht, und C mit einem ♯.

Fast Dur

Melodisch Moll geht leicht ins Ohr; es hat einen Leitton, und der große Sprung von harmonisch Moll ist verschwunden. Außerdem unterscheidet sich melodisch Moll von Dur in nur einem einzigen Ton; mach in obigem Beispiel aus dem F ein F♯, und du erhältst D-Dur!

Aufsteigend

Die erhöhten Noten in melodisch Moll werden hauptsächlich in aufsteigenden Linien verwendet – wenn die Melodie nach oben geht, von tief nach hoch. Geht die Melodie nach unten, verliert die siebte Stufe ihre Funktion als Leitton. Sie leitet nun nicht mehr zum Grundton, was aber ihre eigentliche Funktion war – weshalb wir sie jetzt eigentlich nicht mehr bräuchten. Zudem ist es beim Singen von oben nach unten sehr schwierig, die kleine Terz (E♭, in C-Moll melodisch) zu treffen. Versuch es mal, und du wirst es schon merken. Trotzdem wird melodisch Moll auch in absteigenden Linien verwendet, und zwar hauptsächlich im Jazz.

Ursprüngliches Moll

Um eine Verwechslung zwischen den harmonischen und melodischen Mollvarianten zu vermeiden, wird die „reguläre" Molltonleiter auch *reines Moll* oder *natürliches Moll* genannt.

Das Spielen der Tonleitern

Die Unterschiede zwischen der Durtonleiter und natürlich, harmonisch und melodisch Moll sind am deutlichsten zu hören, wenn man sie nacheinander spielt. Hier sind sie noch einmal, beginnend auf dem Grundton C, aufgeschrieben.

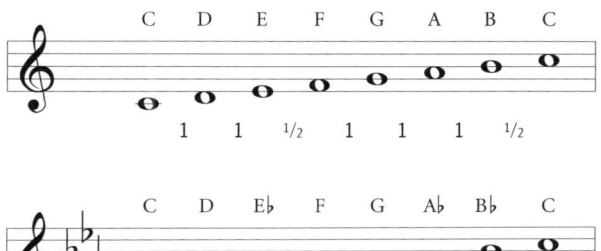

Dur und ursprüngliches Moll.

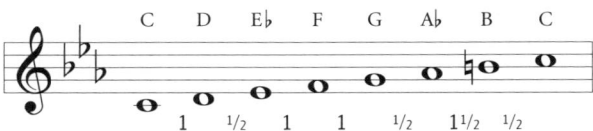

Harmonisch Moll und melodisch Moll.

Leitton

Der *Leitton* stellt den Bezug zur Tonika (Grundton) her.

PARALLELTONARTEN

In Kapitel 10 wurden alle Dur- und Molltonleitern dargestellt. Wenn du zu Seite 79 und 81 zurückblätterst und noch einmal nachsiehst, wirst du herausfinden, dass es zwei Tonleitern gibt, die weder ♯ noch ♭ vorgezeichnet haben: C-Dur und A-Moll. Dann gibt es da noch zwei Tonleitern, die ein ♭ vorgezeichnet haben (F-Dur und D-Moll), und zwei Tonleitern mit einem ♯. Und so weiter ...

Parallele Tonleitern

Tonleiterpaare wie diese, die exakt dieselben Noten enthalten, sind *parallele Tonleitern*. So ist A-Moll (A, B, C, D, E, F, G, A) Mollparallele zu C-Dur (C, D, E, F, G, A, B, C); dieselben Töne, aber unterschiedliche Grundtöne.

Warum?

Willst du z. B. einen Song von einer CD transkribieren, musst du herausfinden, in welcher Tonart das Stück steht. Um dies zu bewerkstelligen, solltest du etwas über die Paralleltonarten wissen. Und du solltest wissen, wie man die Tonart herausfindet; dies bildet den letzten Teil dieses Kapitels. Zunächst aber ein bisschen Theorie.

Mollparallele

Die Mollparallele einer vorgegebenen Durtonleiter findet man durch einfaches Zählen heraus: die Mollparallele wird mit der sechsten Stufe der Durtonleiter angegeben. Zwei Beispiele:

- D-Moll ist die Mollparallele von F-Dur; D ist die sechste Stufe von F-Dur (F, G, A, B♭, C, *D*, E, F).
- Die Mollparallele von G-Dur ist E-Moll; das E ist die sechste Stufe von G-Dur (G, A, B, C, D, *E*, F♯, G).

Durparallele

Und umgekehrt? Die *Durparallele* einer Molltonart findest du auf der dritten Stufe ihrer Tonleiter. Zwei Beispiele:

- C-Dur ist Durparallele von A-Moll (A, B, *C*, D, E, F, G, A).
- Die Durparallele von C-Moll (C, D, *E♭*, F, G, A♭, B♭, C) ist E♭-Dur.

Und nochmals: der Quintenzirkel

Beim Einfügen der Molltonarten in den Quintenzirkel werden sämtliche Tonarten ihren Paralleltonarten gegenübergestellt.

Relativ und parallel

Der Ausdruck parallel hat im Englischen eine andere Bedeutung als in der deutschen Sprache. *Parallel keys* sind auf Englisch Tonarten mit demselben Grundton, also C-Dur und C-Moll.

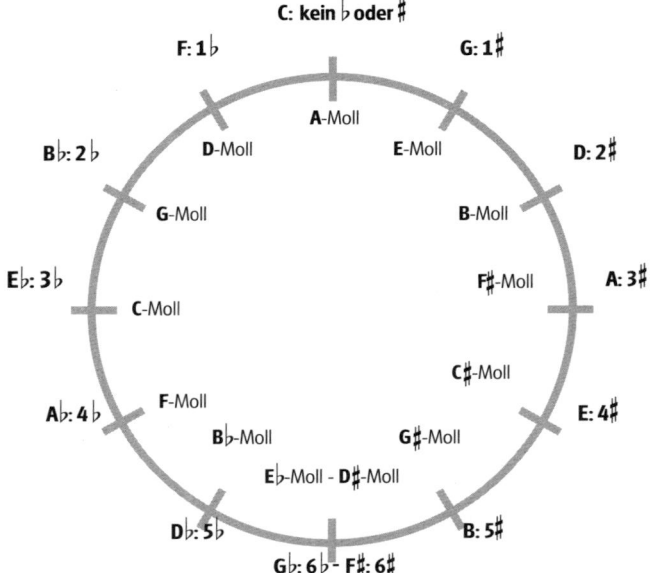

Der komplette Quintenzirkel mit allen Paralleltonarten: die Durtonarten außerhalb, die Molltonarten innerhalb des Zirkels.

TONARTEN HERAUSFINDEN

Wenn du ein Solo über ein ausnotiertes Stück spielen willst, dann hilft es, wenn du weißt, in welcher Tonart es ist. Das ist ziemlich leicht. Hast du jedoch keine Transkription zur Hand, dann wird es etwas komplizierter. Aber natürlich nicht unmöglich. In beiden Fällen musst du zunächst den Grundton finden.

Grundton

Der Grundton bzw. die Tonika ist fast immer der Ton, mit dem das Stück endet. Sobald du das Gefühl hast, dass der Song vorbei ist, hörst du in neun von zehn Fällen den Grundton. Bei den folgenden zwei Melodien (die erste in Dur, die zweite in Moll) merkt man leicht, welches der Grundton ist. Wenn du beim Spielen dieser Melodien vor der letzten Note hältst, kannst du die letzte Note wahrscheinlich erraten; es ist der Grundton, und deine Ohren scheinen genau diesen Ton hören zu wollen.

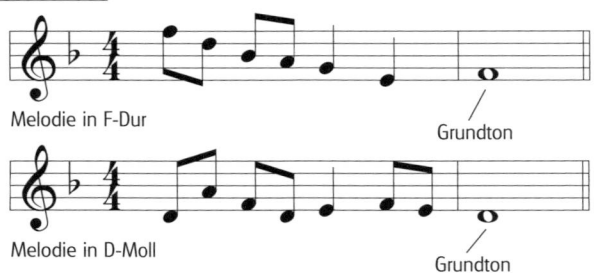

Melodie in F-Dur

Grundton

Melodie in D-Moll

Grundton

F-Dur oder D-Moll?

Beide Melodien haben dieselben Vorzeichen. Daraus kannst du ersehen, dass beide Melodien aus denselben Noten bestehen. Das Vorzeichen ♭ sagt dir, dass das B erniedrigt wird.

Trotzdem kennst du noch immer nicht die Tonart, da ein Stück mit einem ♭ als Vorzeichen entweder in F-Dur oder der Mollparallele D-Moll sein kann. Die Lösung? Wirf einen Blick auf die letzte Note, dem Grundton. Der Grundton der ersten Melodie ist F, weshalb man mit Sicherheit sagen kann, dass die Melodie in F-Dur ist. Das zweite Stück ist in D-Moll.

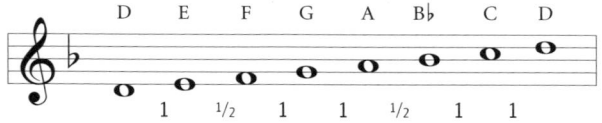

Die D-Molltonleiter

Melodisch und harmonisch

Ein Tipp: Siehst du ein ♭ als einziges Vorzeichen, aber mehrmals das Versetzungszeichen C♯, dann hast du es wahrscheinlich mit einem Stück in D-Moll zu tun. Siehst du etwa auch noch das eine oder andere B mit Auflösungszeichen? Dann handelt es sich um D-Moll melodisch. Warum? Diese Versetzungszeichen sind charakteristisch für die melodischen und harmonischen Varianten dieser Tonleiter. In der Durparallele von D-Moll (F-Dur) würden sie jedenfalls nicht vorkommen. Dasselbe gilt natürlich auch für andere Kombinationen von Vor- und Versetzungszeichen.

Keine Noten

Zurück zum eigentlichen Thema. Hast du die Noten eines Musikstücks, dann sagt dir die Kombination aus Vorzeichen und Grundton, mit welcher Tonart du es zu tun hast. Ohne eine ausgeschriebene Version dagegen musst du die Tonart selbst herausfinden. Hier steht, wie.

- Versuch zunächst, den Grundton zu finden. Du hörst ihn oft am Ende eines Stücks, aber auch in den Teilen des Stücks, wo die Melodie eine „Pause" zu machen scheint.
- Singe den Grundton, sobald du ihn gefunden hast, und finde mit Hilfe eines Instruments heraus, welcher Ton es ist.
- Probiere dann die Dur- und Molltonleitern aus, die auf diesem Ton beginnen (sie stehen alle auf Seite 155 und 156). Meistens hörst du dann sofort, welche der beiden Tonleitern zu dem Musikstück passt. Fertig!
- Okay, schon gut; das klingt einfacher als es ist, vor allem, wenn du gerade erst anfängst. Ein Tipp: Beginn mit ganz einfachen und bekannten Melodien, z. B. Kinderliedern.

TRICK

Wenn du also eine Stimme zur Hand hast, wirf einen Blick auf den Grundton und die Zahl der ♯ und ♭ beim Notenschlüssel. Die Tonart findest du dann, indem du im Quintenzirkel (siehe Seite 103) oder in den Tonartlisten auf den Seiten 79 und 81 nachsiehst. Aber was passiert, wenn du weder den Quintenzirkel noch die Listen zur Hand hast? Hier ist ein Trick.

♯ als Hinweis

In Durtonarten zeigt immer das letzte ♯ bei den Vorzeichen auf die aktuelle Tonart. Nimm zwei ♯ als Vorzeichen; am zweiten ♯ erkennst du, dass jedes C als C♯ gespielt wird. Das ♯-Zeichen zeigt deutlich auf die darüberliegende Note, einem D. Schlußfolgerung: ein Stück mit zwei ♯ steht in D-Dur, oder seiner Mollparallele, B-Moll. Der Grundton sagt dir, welche von beiden es ist.

Das vorletzte ♭

In ♭-Tonarten ist es noch einfacher, denn das vorletzte ♭ sagt dir den Namen der Tonart. Im Beispiel unten ist das vorletzte ♭ ein D♭, weshalb das Stück in D♭-Dur oder seiner Paralleltonart B♭-Moll ist.

Das letzte ♯ (D♯) zeigt auf das E. Die Tonart ist E-Dur, oder ihre Paralleltonart: C♯-Moll.

Das vorletzte ♭ verrät die Tonart. Die Tonart ist in D♭-Dur, oder ihre Paralleltonart: B♭-Moll.

14. ANDERE TONLEITERN

Dur- und Molltonleitern bestehen jeweils aus fünf Ganztönen und zwei Halbtönen. Durch Vertauschen der Reihenfolge dieser Ganz- und Halbtöne erhält man fünf weitere Tonleitern. Die daraus resultierenden sieben Tonleitern sind die Modi oder diatonischen Tonleitern bzw. Skalen. Außerdem gibt es noch Skalen, die auf anderen Intervallkombinationen aufgebaut sind. Von mittelalterlicher Kirchenmusik zu modalem Jazz, von China zum Blues.

In Kapitel 10 wurden die C-Dur- und A-Molltonleitern mit Hilfe eines Kreises dargestellt, der aus Halb- und Ganztonintervallen besteht.

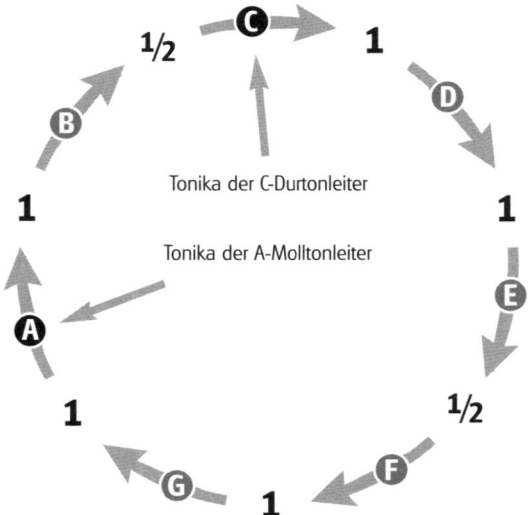

C-Dur beginnt mit C. Beginnst du mit A, erhältst du A-Moll.

107

Andere Reihenfolgen

Zur Erinnerung: Für die C-Durtonleiter ist C dein Ausgangspunkt. Für A-Moll nimm ein A. Die Tonleiter hat einen anderen Charakter, obwohl du dieselben Töne verwendest. Dasselbe passiert, wenn du mit einem der fünf anderen Töne beginnst; jedesmal hörst du eine Tonleiter mit einem anderen Charakter, und zwar deshalb, weil die Anordnung der Ganz- und Halbtöne jedesmal eine andere ist.

Modi

Die aus dieser Kombination von Intervallen entstehenden Skalen nennt man *Modi*. Sie wurden hauptsächlich in mittelalterlicher Kirchenmusik verwendet. In der Reihe der Modi heißt die Durtonleiter *ionischer Modus*. Die Molltonleiter ist der *äolische Modus*. Diese beiden Skalen bilden die Grundlage für einen Großteil der heutigen westlichen Musik.

Von ionisch nach lokrisch

Um alle sieben Modi zu hören, brauchst du lediglich die Noten im Kreis: die weißen Tasten einer Tastatur.

Ionisch	C D E F G A B C *(C-Dur)*
Dorisch	D E F G A B C D
Phrygisch	E F G A B C D E
Lydisch	F G A B C D E F
Mixolydisch	G A B C D E F G
Äolisch	A B C D E F G A *(A-Moll)*
Lokrisch	B C D E F G A B

Charakter

Beschäftige dich eine Weile mit den fünf „neuen" Skalen, anstatt sie immer wieder von Grundton bis Grundton und zurück zu spielen, dann findest du ganz leicht ihren spezifischen Charakter heraus. Einige Beispiele? *Norwegian Wood* von den Beatles basiert auf der dorischen Tonleiter. Den mixolydischen Modus hört man oft in Boogie-Woogie-Stücken. Beim phrygischen Modus denkst du wahrscheinlich an spanische Musik. Und lokrisch wird hauptsächlich im Jazz verwendet.

Zwei Extreme

Den unterschiedlichen Charakter kannst du auch gut durch eine Gegenüberstellung der lydischen und lokrischen Modi hören. Um den Vergleich deutlich zu machen, beginnt man beide am besten auf C. Wie die Dur- und Molltonleitern, so kann man auch alle anderen Tonleitern auf jeder beliebigen Note beginnen – solange man die korrekte Reihenfolge der Intervalle einhält. Von C aus heißen beide Skalen ganz einfach C lydisch und C lokrisch.

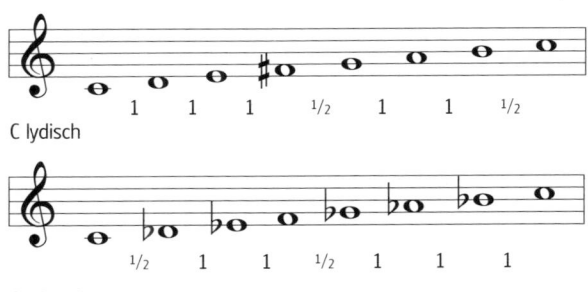

C lydisch

C lokrisch

Modale Musik

Der Begriff *modale Musik* wird manchmal für Musik verwendet, in der der Charakter eines Modus leicht identifizierbar ist. In dieser Art von Musik gibt es normalerweise wenig harmonische Aktivität. Mit anderen Worten, du wirst nicht allzuviele Akkordwechsel hören. Da ist es nicht verwunderlich, dass mittelalterliche Kirchenmusik ein gutes Beispiel für modale Musik ist.

Modaler Jazz

Ein aktuelleres Beispiel? In den sechziger Jahren begann der Jazztrompeter Miles Davis die große Anzahl von Akkorden, wie sie damals im Bebop, dem Jazzstil der Jahre davor üblich war, einzuschränken. Damals begann Davis in einem Stil zu schreiben, den man später *modalen Jazz* nannte. Sein Album *Kind of Blue* zeigt deutlich, wie das klingt.

Diatonische Skalen

Die Modi werden auch diatonische Skalen genannt. Alle sieben bestehen aus fünf Ganzton- und zwei Halbtonschritten. Diatonische Skalen haben eigentlich zwei (dia

= zwei) Toniken oder Grundtöne. Für die ionische (Dur-) Skala in C ist die zweite Tonika das G. Auf der Tastatur siehst du ganz deutlich, dass C-Dur aus zwei identischen Hälften besteht: C, D, E, F und G, A, B, C, das sind jeweils zwei Ganztonschritte und ein Halbtonschritt. Diese Hälften nennt man *Tetrachorde*. Die zweite Tonika ist die Tonika des zweiten Tetrachords (G).

NICHTDIATONISCHE SKALEN

Die folgenden Skalen unterscheiden sich deutlich von den diatonischen. Sie haben eine unterschiedliche Zahl von Ganz- und Halbtonschritten, z. B. die chromatische Tonleiter mit zwölf Halbtönen oder die leicht erkennbare Bluesskala mit zwei kleinen Terzen. Um die jeweiligen Klänge besser miteinander vergleichen zu können, beginnen die folgenden Beispiele alle auf C.

Chromatisch

Die *chromatische* Tonleiter verwendet alle zwölf Töne der Oktave. Sie besteht also ausschließlich aus Halbtönen. Diese Skala eignet sich hervorragend zum Üben: Spiel sie von unten nach oben, und du spielst jede Note deines Instruments. Eine Variante: Beginn jedesmal mit einer anderen Note. Diese Skala findest du in vielen Übungsbüchern in den verschiedensten Variationen.

Die chromatische Tonleiter.

Die Ganztonleiter

Der Name sagt es bereits: Die Ganztonleiter besteht lediglich aus Ganztönen. Man nennt sie auch *hexatonische* Skala (*hexa* = sechs), da sie aus nur sechs Tönen besteht. Das hohe C am Ende wird nicht dazugerechnet.

Die Ganztonleiter.

Halbton – Ganzton

Die Halbton-Ganztonskala (HTGT) setzt sich aus abwechselnden Halb- und Ganztönen zusammen. In der Jazzmusik hört man diese Skala sehr oft. Diese Tonleiter kann auf zweierlei Arten verwendet werden: beginnend mit einem Ganzton (GTHT) oder mit einem Halbton (HTGT).

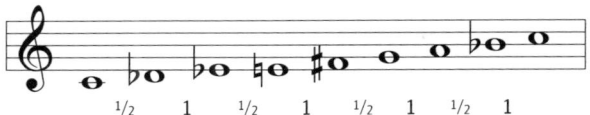

Die HTGT-Skala, beginnend mit einem Halbton.

Pentatonische Skalen

Pentatonische Skalen (in der Tat: *penta* = fünf) sind deshalb interessant, weil sie in Country & Western, Pop und Blues vorkommen und gleichzeitig einen deutlich chinesischen Einschlag haben. Willst du ihn hören? Nimm ein Keyboard und spiel nur auf den schwarzen Tasten. Oder noch besser, spiel zweistimmige Akkorde und lass dabei immer eine schwarze Taste aus (z. B. F♯-A♯, G♯-C♯, A♯-D♯). Wie bei den diatonischen Skalen, so gibt es auch eine Anzahl verschiedener pentatonischer Tonleitern.

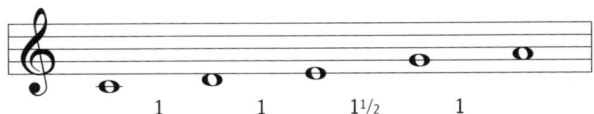

Die pentatonische Tonleiter.

Bluestonleiter

Warum die folgende Tonleiter die klassische Bluestonleiter ist, hörst du, sobald du sie spielst. Es gibt aber nicht nur diese Bluestonleiter. Zusammen umfassen sie alle zwölf Noten der Oktave.

Eine Bluestonleiter.

Die Zigeunertonleiter

Die Zigeunertonleiter ist ebenfalls leicht zu erkennen. Das besondere an ihr ist das Intervall von einem Ganzton und einem Halbton (eine kleine Terz), das an zwei Stellen erscheint – wie bei der Bluestonleiter weiter oben.

Die Zigeunertonleiter.

15. TRANSPONIEREN

Wenn du ein C auf dem Papier siehst, und du spielst dieses C auf einem Keyboard, dann hörst du auch ein C. Das ergibt doch Sinn, oder? Bei den meisten Blasinstrumenten verhält es sich jedoch anders. Steht ein C in der Stimme eines Tenorsaxophonisten, dann greift er auch dieses C – aber du hörst ein B♭. Ein Kapitel über transponierende Instrumente und Stimmen.

Saxophone sind, wie die meisten anderen Blasinstrumente, *transponierende Instrumente*; sie lassen eine andere Note erklingen als die, die in ihrer Stimme steht. Das musst du beim Schreiben einer Melodie für ein solches Instrument bedenken: du musst ihm eine *transponierte Stimme* schreiben. Wie man das macht, steht auf Seite 115.

Greifen, spielen, klingen

Wenn ein Tenorsaxophonist ein C auf dem Papier sieht, im dritten Zwischenraum, muss er lediglich die Klappe unter seinem linken Mittelfinger drücken, er *greift* so ein C. Dann bläst er in sein Instrument. Die Note, die erklingt, ist ein B♭.

Klingend B♭

Mit anderen Worten: das notierte, gegriffene C auf einem Tenorsaxophon lässt ein B♭ erklingen (*klingend B♭*). Die Note auf dem Papier sagt dem Musiker, welche Klappen er z. B. auf dem Saxophon drücken soll oder welche Ventile oder Noten er auf einem Blechblasinstrument wie Trompete oder Tuba drücken oder blasen soll.

In B♭

Das Tenorsaxophon ist *in B♭*. Ebenso das Sopransaxophon: greifst du ein C, erklingt ein B♭. Trompeten und Klarinetten sind oft in B♭, aber nicht immer; es gibt zum Beispiel auch C-Trompeten und E♭-Klarinetten.

In E♭

Auf einer E♭-Klarinette klingt ein gegriffenes C wie ein E♭. Dasselbe gilt für Alt- und Baritonsaxophon. Das sind *E♭-Instrumente* oder Instrumente mit einer *E♭-Stimmung*. B♭ und E♭ sind aber nicht die einzigen Stimmungen, die für transponierende Instrumente verwendet werden. Einige Beispiele? Es gibt Waldhörner, Alt- und Bassblockflöten in F und Altflöten in G.

Derselbe Schlüssel, dieselben Griffe

Egal, welches Saxophon du spielst: Du greifst die Note, die du liest, und der Ton, der herauskommt, ist der, der vom Komponisten beabsichtigt wurde – vorausgesetzt, du nimmst das richtige Saxophon ... Dasselbe gilt für Trompeten in B♭, in D oder anderen Stimmungen sowie für andere transponierende Instrumente. Du spielst die Note, die du liest, und die gewünschte Note ertönt klingend. So einfach ist das.

Ein C auf vier Saxophonen

Und das hörst du, wenn vier Saxophonisten (Sopran, Alt, Tenor und Bariton) ein und dasselbe notierte C spielen.

Ein C auf dem Papier; und wie diese Note auf vier verschiedenen Saxophonen klingt.

Gitarren

Zur Vermeidung allzuvieler Hilfslinien wird für manche Instrumente die Musik entweder eine Oktave höher oder tiefer notiert. Zwei Beispiele dafür sind Gitarre und Bass; ihre Stimmen sind eine Oktave höher notiert als sie klingen. Instrumente, die eine Oktave höher oder tiefer transponieren, gelten *nicht* als transponierende Instrumente.

TRANSPONIEREN

Wenn du Musik für transponierende Instrumente schreibst, musst du transponieren können. Ebenso, wenn du ein Stück in einer anderen Tonart spielen willst. Warum solltest du? Nun, wenn einige Noten in der aktuellen Tonart zu hoch oder zu tief für die Stimme oder das Instrument liegen, zum Beispiel. Man transponiert auch, damit Gitarristen „einfachere" Akkorde spielen können.

Klingt schwerer als es ist

Transponieren klingt schwerer als es ist. Schließlich hast du bereits in Kapitel 4 *Morgen kommt der Weihnachtsmann* von C nach F und auch nach D transponiert. Zusätzlich verdeutlicht das Transponieren das System, das hinter all den ♯, ♭, Skalen und Intervallen steckt. Und es funktioniert. Wirklich. Es vereinfacht die Dinge.

Kurz gesagt

Als Erstes ändert man die Vorzeichen. Auf diese Weise vergewissert sich das System, dass sämtliche Intervalle der ursprünglichen Melodie in der transponierten Fassung beibehalten werden. Als Zweites kommen alle Noten auf ihre neue Position im Notensystem. Als Drittes spielst du die transponierte Musik … Hier nochmals die Schritte.

Gebrauchsanweisung

Nehmen wir an, du hast ein Stück in C-Dur und möchtest es nach E♭-Dur transponieren. Das bedeutet, alles muss eine kleine Terz (C nach E♭) höher notiert werden. Und hier deine Gebrauchsanweisung:

- Dem Quintenzirkel kannst du entnehmen, dass E♭-Dur drei ♭ hat.
- Nimm ein Stück Notenpapier und notiere die drei ♭ (B♭, E♭ und A♭) neben dem Notenschlüssel in der jeweils richtigen Höhe (siehe Seite 43).

Mor - gen kommt der - Weih - nachts - mann

Morgen kommt der Weihnachtsmann, von C nach E♭ transponiert. Die drei ♭ stehen beim Notenschlüssel. Die ursprünglichen Noten sind grau, die neuen schwarz.

- E♭-Dur ist eine kleine Terz höher als C. Da eine Terz *drei* Töne enthält, musst du die Noten der Melodie in C-Dur *drei* Stufen bzw. eine Linie nach oben verschieben.
- Das ist alles. Jetzt kannst du es spielen.

Stammtöne und Vorzeichen

Transponieren ist also nichts weiter als das Herausfinden der richtigen Vorzeichen und das Verschieben der Noten im Notensystem. Die erforderliche Anzahl von Vorzeichen findet man im Quintenzirkel. Der Name des Intervalls sagt dir, wie weit du die Noten nach oben oder unten verschieben musst; bei einer Sekunde sind es zwei Stellen, drei bei einer Terz, usw.

Kleine und große Terz

Beim Transponieren von C nach E♭ wurde *Morgen kommt der Weihnachtsmann* um eine kleine Terz nach oben verschoben. Willst du dasselbe Stück von C nach E transponieren (auch eine Terz, aber eine *große* Terz), dann werden die Noten an dieselben Stellen wie in obigem Beispiel verschoben, nur die Vorzeichen ändern sich in vier ♯.

Von E♭ nach B

Ein Stück von E♭ nach B zu transponieren ist ebenso leicht wie von C nach E♭:

- Die B-Durtonleiter hat fünf ♯. Notier sie neben dem Notenschlüssel.
- Das Intervall E♭–B ist eine übermäßige Quinte (E(♭), F, G, A, B).
- Wenn die Noten eine Quinte höher transponiert werden müssen, schiebe sie fünf Stufen nach oben, inklusive der ursprünglichen und der letzten Stufe. Das entspricht zwei Linien des Notensystems. Fertig.

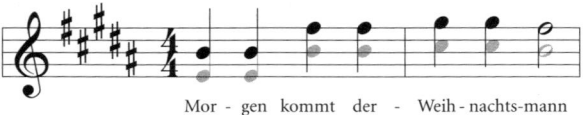

Mor - gen kommt der - Weih - nachts-mann

Morgen kommt der Weihnachtsmann, von E♭ nach B transponiert. Die ursprünglichen Noten sind grau, die neuen schwarz. Die drei ♭ von E♭-Dur wurden durch die fünf ♯ von B-Dur ersetzt.

16. MEHR ÜBER TAKT, METRUM UND RHYTHMUS

Wie bereits in Kapitel 3 besprochen, ist die häufigste Taktvorgabe ¼. Dann kommt gleich ¾. Es gibt aber noch viele andere Taktarten. Und den ¼-Takt selbst gibt es in den verschiedensten Ausprägungen. Ein Kapitel über gerade, ungerade und andere Metren sowie über Swing und Clave.

Bei einem Stück im ¼-Takt hört man normalerweise gleich, wo der erste Schlag oder Beat ist. Er scheint etwas stärker als die anderen Schläge zu klingen, weshalb er auch ein *natürlicher Akzent* ist. Die Drei, obwohl weniger stark, ist ebenfalls ein natürlicher Akzent. Zwei und vier sind die schwachen Schläge.

Downbeat
Weitere Bezeichnungen für den ersten und dritten Schlag oder Beat sind *akzentuierter Schlag* oder *Downbeat*. Letztere Bezeichnung macht daher aus der Zwei und der Vier *Backbeats*.

Pop, Rock, Jazz
In den meisten Pop- und Rockstücken akzentuiert die Snare Drum deutlich die „schwachen" zweiten und vierten Schläge, die *Backbeats*. Jazzschlagzeuger akzentuieren sie häufig durch Schließen der Hi-Hat-Cymbals, die mit dem linken Fuß gespielt werden. In anderen Musikstilen wie Disco oder House scheinen alle vier Beats exakt dieselbe Betonung zu erhalten. Die Eins auf dem Downbeat findest du jedoch immer. Der Downbeat auf eins und drei ist sogar so stark, dass das Publikum auf eins und drei klatscht, auch

wenn der Schlagzeuger noch so sehr auf zwei und vier auf die Snare Drum eindrischt …

Zwei Dreiergruppen: 6/4 und 6/8

Für gewöhnlich werden also im 4/4-Takt die Takte in zwei Teile geteilt. Dasselbe gilt für Stücke in 6/4 und 6/8, wo man in den meisten Fällen jeden Takt als zwei Dreiergruppen hört.

Zwei Dreiergruppen in jedem Takt: eine Melodie in 6/8.

Metrum

Obwohl er nicht genau dasselbe bedeutet, ist der Begriff *Metrum* eng verwandt mit der Taktvorgabe. Die Taktvorgabe spezifiziert sowohl die Anzahl der Schläge pro Takt sowie die Art der Schläge (die Zähleinheit: Viertelnoten, Achtelnoten usw.). Das Metrum gibt lediglich die Anzahl der Schläge an. Vierermetrum bedeutet vier Schläge pro Takt, Dreiermetrum drei, und *Zweiermetrum* zwei Schläge pro Takt.

Zusammengesetzt

Patterns mit vier oder mehr Schlägen heißen *zusammengesetzte metrische Patterns.* Sie sind aus kleineren Gruppen von Schlägen „zusammengestellt“. Patterns mit weniger Schlägen, wie die Dreiermetren (3/4 oder 3/2) bezeichnet man als *einfache metrische Patterns.*

Ungerade Metren

4/4-, 6/8- und 6/4-Takte werden in zwei oder mehrere gleiche Gruppen aufgeteilt. Bei *ungeraden Taktarten* oder *Metren* sind die Gruppen ungleich. In 5/4 z. B. teilen sich die Takte normalerweise in Dreier- und Zweiergruppen auf (3+2). Manchmal aber auch umgekehrt (2+3). Stücke in 5/4 sind ziemlich selten, und andere ungerade Metren (von $\frac{7}{4}$ bis $\frac{19}{16}$ und darüber …) kommen in westlicher Musik noch seltener vor.

Take Five

Eines der wenigen, wirklich bekannten Stücke in $\frac{5}{4}$ ist der Jazzstandard *Take Five*, von dem Altsaxophonisten Paul Desmond für die Band des Pianisten Dave Brubeck in den späten fünfziger Jahren geschrieben. Hier kann man deutlich hören, dass die Takte in Dreier- und Zweiergruppen aufgeteilt sind. Solche Metren werden auch oft in Gruppen gezählt. Statt 1, 2, 3, 4, 5 zählt man dann 1, 2, 3, 1, 2. Dasselbe gilt auch für andere ungerade Metren. Und denk daran, dass es schief geht, wenn du die zwei Silben von „sieben" als zwei Schläge zählst …

SWING

Das Wort *Swing* wird hauptsächlich im Jazz benutzt. Im Swingstil werden Achtelnoten eher als Triolen denn als gerade Achtelnoten gespielt und empfunden. Jazz hat daher ein sogenanntes *Triolenfeeling*.

In Achtelnoten

Die Partituren von Jazzmusikern enthalten jedoch normale Achtelnoten. Um anzuzeigen, dass sie mit einem Triolen- oder Swingfeeling gespielt werden sollen, steht am Anfang der jeweiligen Stimme entweder das Wort „Swing" oder der folgende Hinweis:

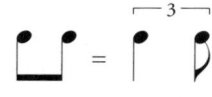

Spiel die Achtelnoten wie Triolen.

Gerade Achtel

Manche Stücke haben Teile, die als Swing gespielt werden, und andere, in denen die Achtel gerade gespielt werden. Diese Teile werden dann mit *straight eights*, *even eights* oder *even 8ths* überschrieben.

CLAVE

Sowohl in Klassik als auch Pop, Rock und Jazz und vielen anderen westlichen Musikstilen werden die akzentuierten Schläge pro Takt gruppiert. Es gibt immer einen oder mehrere Akzente auf dem ersten, dem zweiten, dem vierten oder auch dem dritten Schlag jeden Takts. Es gibt aber auch Musikstile, in denen die Hauptakzente auf zwei oder mehr Takte verteilt werden. Viele lateinamerikanische Musikstile basieren z. B. auf einem rhythmischen Pattern namens *Clave-Beat*.

Auf zwei Takte verteilt

Der *Clave-Beat* ist ein Pattern, in dem die Akzente auf zwei Takte verteilt werden. Es kann wie nachstehend gezeigt gespielt werden (2-3 Clave) oder umgekehrt: als 3-2 Clave.

2-3 Clave-Beat; fünf Akzente, auf zwei Takte verteilt.

Sieben, elf und mehr

Es gibt noch viel mehr Musik, die weder in drei, vier oder einer verwandten Unterteilung gezählt werden kann. In so einem Fall wäre das auch eher umständlich. Einige Beispiele? In manchen Kompositionen, häufig mit arabischem Einschlag, musst du von $\frac{7}{16}$ auf $\frac{9}{16}$ und von $\frac{11}{4}$ auf $\frac{13}{4}$ schneller wechseln, als du das Wort Taktvorgabe sagen kannst. In anderen Musikstilen wird überhaupt nicht gezählt, weil es gar keine Schläge zu zählen gibt. Ganz zu schweigen von den komplexen Rhythmen, die afrikanische Stämme über Hunderte von Jahren gespielt haben. Da bleibt dir fast nichts anderes übrig als 1, 1, 1, 1 zu zählen …

17. DO, RE, MI – I, II, III

In Kapitel 2 wurde die Oktave mit der Tonleiter Do, Re, Mi, Fa, So, La, Ti, Do veranschaulicht. Diese Tonleiter, die du vielleicht schon in der Grundschule gelernt hast, ist eigentlich eine Durtonleiter. Die Silben sind eine weitere Möglichkeit, Noten anzugeben. Und in diesem Kapitel findest du noch eine dritte Methode: römische Ziffern.

Die Sequenz Do, Re, Mi wird auf zweierlei Arten verwendet: entweder mit einem *permanenten* oder *fixen Do*, bei dem Do für die Note C steht, oder mit einem *beweglichen Do*. Das bewegliche Do repräsentiert keine bestimmte Note wie A oder Cis. Es steht einfach nur für die erste Note der Tonleiter: den Grundton oder die Tonika.

Durtonleiter
Wenn du Do, Re, Mi, Fa, So, La, Ti, Do beginnend auf einem A singst, singst du die A-Durtonleiter. Und wenn du mit C♯ beginnst, die C♯-Durtonleiter usw.

Das französische, fixe Do
In einigen Ländern, wie z. B. in Frankreich, steht Do immer für C, und C-Dur wird als Do-Majeur angezeigt.

Schwarze Noten
Dieses System der Notenbezeichnung, das auch *Solmisation* heißt, beinhaltet auch Namen für die Halbtonschritte. Wird eine Note erhöht, endet die Bezeichnung auf „i", eben wie die Silben, die auf die beiden Halbtonschritte in der Durtonleiter (Mi und Ti) hinweisen. Ebenso gibt es Bezeichnungen für die erniedrigten Noten. Die Schreibweise dieser Silben ist nicht immer dieselbe.

Do	Di	Re	Ri	Mi	Fa	Fi	So	Si	La	Li	Ti	Do
Do	Ra	Re	Me	Mi	Fa	Se	So	Le	La	Te	Ti	Do

Der Trick

Wenn du die A-Durtonleiter herausfinden möchtest, brauchst du lediglich die chromatische Tonleiter, beginnend mit A, direkt unter die Do-Re-Mi-Skalen zu schreiben, und schon siehst du, welche Noten mit den Silben Do, Re, Mi usw. zusammenfallen.

Do	Di	Re	Ri	Mi	Fa	Fi	So	Si	La	Li	Ti	Do
A	A♯	B	C	C♯	D	D♯	E	F	F♯	G	G♯	A

Oder im Fall einer ♭-Tonart

Do	Ra	Re	Me	Mi	Fa	Se	So	Le	La	Te	Ti	Do
F	G♭	G	A♭	A	B♭	B	C	D♭	D	E♭	E	F

Das System, Noten mit römischen Ziffern anzugeben, funktioniert auf fast dieselbe Weise. Die ersten acht Ziffern (I, II, III, IV, V, VI, VII, VIII) repräsentieren die Durtonleiter.

I	II	III	IV	V	VI	VII	VIII	>>Ziffern
Do	Re	Mi	Fa	So	La	Ti	Do	>>Silben
erste	zweite	dritte	vierte	fünfte	sechste	siebte	achte	>>Stufen

Versetzungszeichen

Um eine chromatische Tonleiter inklusive der schwarzen Noten zu erhalten, verwenden wir wieder die Versetzungszeichen. Normalerweise steht ein ♭ vor der Ziffer und ein ♯ dahinter. Eine ♭V ist eine ♭Fünf, und eine ♯IV eine ♯Vier. Das sind enharmonische Töne. Sie klingen gleich, ebenso G♭ und F♯ (siehe Seite 44).

Do	Di	Re	Ri	Mi	Fa	Fi	So	Si	La	Li	Ti	Do
I	♯I	II	♯II	III	IV	♯IV	V	♯V	VI	♯VI	VII	VIII

I	♭II	II	♭III	III	IV	♭V	V	♭VI	VI	♭VII	VII	VIII
Do	Ra	Re	Me	Mi	Fa	Se	So	Le	La	Te	Ti	Do

Mit den Ziffern kannst du dir den Aufbau einer Reihe von Tonleitern leichter merken – und sie (re)konstruieren.

Auf Seite 101 findest du folgende drei Skalen in regulärer Schreibweise.

1. Molltonleiter   ♭III, ♭VI, ♭VII
2. Harmonisch Moll   ♭III, ♭VI
3. Melodisch Moll   ♭III

Der Skalenschieber

Der Skalenschieber auf Seite 154 enthält auch die römischen Ziffern. Wenn du die obigen drei Skalen auf dem Schieber suchen müsstest, würdest du folgendes Resultat erhalten:

	I	♭II	II	♭III	III	IV	♭V	V	♭VI	VI	♭VII	VII	VIII
1.	C		D	E♭		F		G	A♭		B♭		C
2.	C		D	E♭		F		G	A♭			B	C
3.	C		D	E♭		F		G		A		B	C

Erinnerst du dich an den Sprung?

Vielleicht erinnerst du dich an den großen „Eineinhalb-Ton-Sprung" in harmonisch Moll, der auf Seite 98 besprochen wurde. Im Beispiel oben ist dieser Sprung ganz deutlich in der zweiten Zeile dargestellt. Du kannst auch ganz klar sehen, wie melodisch Moll diesen Sprung durch Auflösen der VI verkleinert.

Akkordfolgen

Römische Ziffern werden auch häufig zur Angabe von Akkorden und Akkordprogressionen verwendet. In vielen Musical- und Jazzstücken begegnen dir zum Beispiel II-V-I-Verbindung. Willst du sie mal ausprobieren? Spiele die folgenden drei Akkorde: D – F – A – C (II), dann G – B – D – F (V) und schließlich C – E – G – B (I). Klingt gut, oder? Kleine Ziffern (i, ii usw.) findet man ebenfalls vor, zur Angabe von Mollakkorden.

18. TABELLEN, TABULATUREN UND SCHLAGZEUGNOTEN

Mit Hilfe der in diesem Buch erlernten Notenschrift kannst du fast alles notieren. Für einige Instrumente hat man sich jedoch andere Schreibweisen ausgedacht. Ohne Noten zum Beispiel. Oder eine Notenschrift für Schlagzeuger, die ja keine bestimmten Töne auf ihren Trommeln und Becken spielen. Wir werfen einen kurzen Blick auf einige sehr häufige Beispiele anderer Notationsweisen: Akkordtabellen, das Tabulatursystem und die Notenschrift für Schlagzeuger.

Die Gitarre ist eines der meistgespielten Instrumente. Dafür gibt es drei Gründe. Du kannst dir eine Gitarre schon für wenig Geld kaufen, es gibt viele unterschiedliche Typen, und mit ein paar Akkorden kannst du schon ziemlich weit kommen. Die Gitarre ermöglicht dir den Zugang zu einer ungeheuren Menge von Musik. Viele weltberühmte Hits – von Blues bis zu den Beatles, von Madonna zu Metallica – bestehen aus nicht mehr als einer Hand voll Akkorden.

Akkordtabellen
Akkorde lassen sich ganz einfach mit einer Akkord- oder Grifftabelle erlernen, die dir genau zeigt, welchen Finger du in welcher Lage auf welche Saite legen musst. Streiche mit deiner anderen Hand über die Saiten und du hast einen Akkord. So einfach ist das.

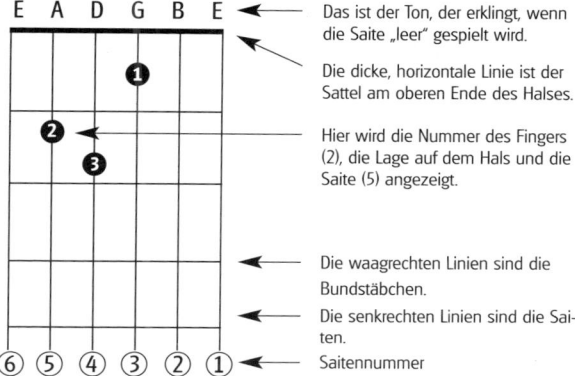

Das ist der Ton, der erklingt, wenn die Saite „leer" gespielt wird.

Die dicke, horizontale Linie ist der Sattel am oberen Ende des Halses.

Hier wird die Nummer des Fingers (2), die Lage auf dem Hals und die Saite (5) angezeigt.

Die waagrechten Linien sind die Bundstäbchen.

Die senkrechten Linien sind die Saiten.

Saitennummer

Lege deinen Zeigefinger (1) auf Saite 3 im ersten Bund, deinen Mittelfinger (2) auf Saite 5 im zweiten Bund und deinen Ringfinger (3) auf Saite 4 im zweiten Bund. Das ist ein E-Durakkord.

Tabulatur

Mit Hilfe des manchmal von Gitarristen und Bassisten verwendeten Tabulatur- oder Tabsystems kann man Solos und Bassstimmen ohne Noten aufschreiben. Es wird auch für die Transkription zahlreicher Hits benutzt, die in fast jedem Musikgeschäft in Büchern erhältlich sind. Die Tabulatur zeigt dir genau, in welcher Reihenfolge du welchen Finger auf welche Saite legen musst. Normalerweise werden die Songs auch mit normaler Notenschrift versehen, da die Tabulatur keine exakte rhythmische Notation zulässt. Letztere ist natürlich das geringste Problem, wenn du den Song kennst.

Lege diesen (Zeige)finger (1) auf diesen Bund (4) und diese Saite.

Saitennummer

Die sechs Linien dieser Tabulatur stellen die Gitarrensaiten dar.

Keyboards und Blockflöten

Ähnliche Systeme können natürlich auch für andere Instrumente verwendet werden. Bei Keyboards muss man dazu lediglich die Tasten markieren, mit denen ein bestimmter Akkord oder eine bestimmte Melodie gespielt werden soll. Ein Tabsystem für Blockflöten oder verwandte Flöten zeigt ganz einfach an, wie viele Löcher im Korpus des Instruments beim Spielen einer bestimmten Note geschlossen werden müssen.

SCHLAGZEUG

Schlagzeugstimmen werden in einem regulären Notensystem mit fünf Linien notiert. Die Noten geben jedoch keine verschiedenen Tonhöhen an, sondern die einzelnen Teile des Drumsets. Die Auswahl des jeweiligen Toms oder Beckens bleibt dabei der Kreativität und dem Geschmack des Schlagzeugers überlassen.

Auf dem Papier

Ein Schlagzeuger mit Notenständer ist eigentlich eher eine Seltenheit. Für Schlagzeuger gibt es jedoch massenhaft Notenmaterial. Etüden, Solos, ausgeschriebene Stimmen usw. Die Lage der Note im Notensystem zeigt an, welcher Teil des Drumsets gespielt werden muss. Becken werden als Kreuz notiert und nicht etwa mit normalen Notenköpfen. Auf diese Weise sind die Schlagzeugstimmen oder Drumparts leichter zu lesen.

Rock

So sieht ein häufig gespielter Rockrhythmus im Notensystem aus.

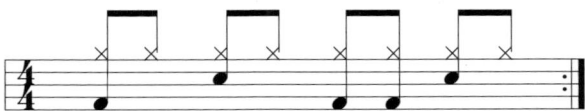

Ein Drumset im Notensystem.

19. NOTEN SCHREIBEN

Wer Noten lesen kann, kann auch Noten schreiben. Etwas aufschreiben ist leichter als sich etwas zu merken – sei es ein Stück, das dir gerade eingefallen ist, eine Idee für ein Solo oder für eine ganze Symphonie. Und zudem ist es eine gute Übung; das Aufschreiben der Tonleitern z. B. ist eine der effektivsten Methoden, diese kennen zu lernen und zu verstehen.

Notenpapier mit vorgedruckten Notensystemen findest du in jedem Musikgeschäft. Viele Musiker verwenden Bleistifte mit Radiergummis am oberen Ende. Für endgültige Versionen ist ein Füllhalter besser geeignet. Auch dünne Filzstifte, vor allem wasserfeste, leisten gute Arbeit. Wenn das Resultat wirklich perfekt aussehen soll, dann versuch es mal mit einem *Kalligraphen*, der sowohl dicke als auch dünne Linien malen kann.

Musik auf dem Monitor

Auch Computer können zum Noten schreiben verwendet werden. Als wir dieses Buch schrieben, war die Software weder wirklich billig noch wirklich benutzerfreundlich, aber die Dinge ändern sich schnell. Mit der richtigen Soft- und Hardware kann dir der Computer eine große Hilfe bei Dingen sein, die du mit dem Füllhalter so leicht nicht zustande bringen würdest, wenn überhaupt. Ein Beispiel ist das Transponieren mit einem einzigen Mausklick und ein zweites das Erstellen von Playbacks deiner Parts. Das mag nicht sehr lehrreich sein, aber es ist äußerst effektiv.

Spielend schreiben

Ein elektronisches Keyboard kann ebenfalls an einen Computer angeschlossen werden. Eine entsprechende Software nimmt die gespielten Töne entgegen. Die eigentliche Schreibarbeit übernimmt dann ebenfalls die Software. Und es geht auch umgekehrt. Mit einem *Scanner* liest dein Computer einen Part ein und spielt ihn dir bei Bedarf vor.

NOTEN, PAUSEN, TAKTE

Zurück zu Papier und Bleistift. Hier sind einige Tipps, um alles leserlich zu schreiben.

- Es ist fast unmöglich, mit Papier und Bleistift perfekt gleichmäßige, runde oder ovale Notenköpfe zu malen. Als Alternative kann man die Köpfe der Viertel- und Achtelnoten als **diagonale Streifen** zeichnen.
- Bei einstimmigen Melodien befinden sich die Hälse der Noten über der dritten Linie auf der linken Seite der Note und zeigen nach **unten**. Für die tiefer liegenden Töne gilt die umgekehrte Regel: der Hals ist auf der rechten Seite und zeigt nach oben. Liegt die Note direkt auf der dritten Linie (im Violinschlüssel das B), kommt es darauf an, ob die Melodie nach unten oder oben weitergeht.
- **Fähnchen** werden immer auf der rechten Seite des Halses gemalt.
- Eine **Viertelpause** ist leichter zu malen, wenn man sie als eine Kombination aus Z in Schräglage (obere Hälfte) mit einem großen C als Anhängsel (untere Hälfte) betrachtet.
- Schreibe ♯ und ♭ auf derselben Höhe wie die dazugehörigen Noten
- Einen **Violinschlüssel** zu malen, ist immer schwierig. Hier ist Routine die beste Lösung. Einfach weitermachen …
- Verwende **Balken**, wenn du einen Beat in Achtel- oder Sechzehntelnoten aufteilst.
- Das Noten lesen wird leichter, wenn **jeder Takt dieselbe Länge** hat. Als Faustregel gilt, jede Zeile mit vier gleich langen Takten auszufüllen.
- Und noch etwas: führe niemals einen Takt in die **nächste Zeile** über.

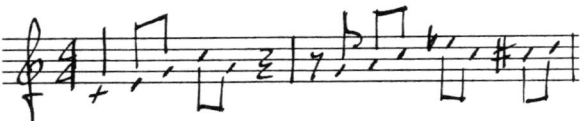

Die Köpfe werden oft als diagonale Streifen gezeichnet.

20. ZURÜCK IN DER ZEIT

Die Notenschrift wurde nicht auf einen Schlag erfunden, sondern entwickelte sich wie die meisten Musikinstrumente erst nach und nach. Dieses Kapitel wirft einen kurzen Blick auf ihre Geschichte, von Neumen zu Noten und von Linien zu Notensystemen.

Die chromatische Tonleiter, die die Oktave in zwölf gleiche Schritte unterteilt, wurde schon vor 2500 Jahren von Pythagoras erfunden, dem berühmten griechischen Wissenschaftler. Erst ungefähr tausend Jahre später verwendete man Buchstaben zur Benennung dieser Noten.

Noten

Die ältesten Notenschriften in der Geschichte der westlichen Musik finden sich in den gregorianischen Chorälen, benannt nach Papst Gregorius dem Großen (540–604). Irgendwann im neunten Jahrhundert erhielten die Texte dieser Choräle kleine Bezeichnungen (*Neumen*), die die Richtung der Melodie vorgaben.

Linien

Ungefähr hundert Jahre später wurde eine einzelne Linie für die Tonhöhe F eingeführt. Und schon bald eine zweite: die C-Linie. In Manuskripten aus dieser Zeit sind bereits die heutzutage üblichen Noten und Pausen erkennbar. Die Erfindung eines Notensystems aus vier Linien in der ersten Hälfte des elften Jahrhunderts wird dem italienischen Mönch Guido von Arezzo zugeschrieben (gestorben 1050). Mit diesem System konnten die Chorsänger die gregorianischen Choräle zum ersten Mal Note für Note vom Blatt lesen.

KAPITEL 20

Ut, Re, Mi

Als das System mit den vier Linien endgültig eingeführt worden war, entstand ein Problem; die Leute mussten lernen, es zu lesen … Und hier kommt erneut Guido von Arezzo ins Spiel. Er verknüpfte ganz einfach die Silben mit verschiedene Tonhöhen, wobei er den Text einer Hymne an den Heiligen Johannes zugrunde legte. Das Ergebnis war die Sequenz ut, re, mi, fa, sol und la.

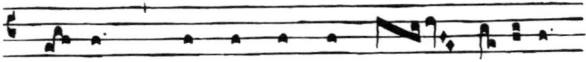

Das vierzeilige System mit gregorianischer Musik (Quelle: *Sesam Atlas van de Muziek*, 1990).

Ut que-ant la - xis Re - so - na - re fi - bris

Mi - ra ge-sto - rum Fa-mu-li tu - o rum

Sol - ve——pol-lu - ti La-bi - i re - a tum,

San - cte—— Io - an - nes.

Die Hymne an den Hl. Johannes.

Do, Re, Mi

Um 1600 ergänzte man diese Skala mit einer Note, so dass die komplette Durtonleiter entstand: ut, re, mi, fa, sol, la, si, ut. Das „si" ist eine Kombination aus Sancte und Ioannes (Sancte Ioannes ist der lateinische Ausdruck für Hl. Johannes). Später wurden diese Bezeichnungen in do, re, mi, fa, so, la, ti, do geändert, die sogenannten *Solmi-* oder Solmisationsnamen (siehe Kapitel 17). Die Kirche wandelte die Silbe ut in do als Grundton der Tonleiter um, mit dem Hinweis, dass Gott (**Do**minum) der Anfang und das Ende aller Dinge sei.

Italienisch

Die Katholische Kirche unter der Leitung des Vatikans in Rom übte früher einen großen Einfluss auf die Entwicklung der Musik aus. Über die Jahrhunderte hinweg erließ sie alle möglichen Regeln und Richtlinien zu fast allen Aspekten der Tonkunst, von der Notenschrift bis zur Komposition. Das ist einer der Gründe, warum dir in der Notenschrift so viele italienische Worte und Abkürzungen begegnen.

ZEICHEN UND MARKIERUNGEN

In der Liste weiter unten findest du sämtliche in diesem Buch enthaltenen Zeichen und Markierungen. Die Zahl in Klammern gibt die Seite an, auf der du weitere Informationen über diese Markierung findest, und die fett gedruckten Zahlen beziehen sich auf das Kapitel, in dem das jeweilige Thema behandelt wird. Willst du eine schnelle Antwort? Dann schau im Glossar auf den folgenden Seiten nach.

TONHÖHE

Violinschlüssel, G-Schlüssel (19) Siehe auch: Notenschlüssel

Bassschlüssel oder F-Schlüssel (19) Siehe auch: Notenschlüssel

♯ Kreuz

✕ Doppelkreuz

♭ b

♮ Auflösungszeichen

LAUT & LEISE (46)

p piano (46)

pp pianissimo (46)

ppp pianissimo (46)

mp mezzo piano (46)

mf mezzo forte (46)

f forte (46)

ff fortissimo (46)

fff fortisissimo (46)

sf sfz sforzando (48)

fp forte-piano (48)

crescendo (47)

decrescendo (47)

Siehe auch: Dynamikbezeichnungen (46)

VERZIERUNGEN (59)

tr Triller (59)

Mordent (59)

Umgekehrter Mordent

trem. Tremolo (60)

Acciaccatura (61)

∽ Gruppetto (62)

Glissando (62)

Appoggiatura (61)

Lift (62)

Plop

Doit (62)

Siehe auch: Verzierungen (59)

RHYTHMUSBEZEICHNUNGEN

4/4-Takt

$\frac{4}{4}$ Siehe auch: Taktvorgaben

¢ Alla Breve (28)

3 Triolenklammer (33)

· Punkt (31)

⌣ Bogen

♩=120 Metronomangabe

ARTIKULATION (54)

Phrasierungsbogen

Fermate (56)

> Akzent (54)

∧ Marcato (54)

Staccato (54)

Staccatissimo (54)

Portato (56)

Legato (55)

Du-wah (57)

Scoop (57)

✕ Ghost Note (57)

WIEDERHOLUNGS- UND ABSCHNITTSBEZEICHNUNGEN (64)

Wiederholungszeichen

∕. Faulenzer (65)

∕∕. vorheriger Takt, vorhergehende zwei Takte

𝄋 Segno (67) siehe: Dal Segno

⊕ Coda (67)

Haus 1, Klammer 1 (66)

Haus 2, Klammer 2 s. Haus 1 (66)

Schlussstrich siehe: Taktstriche

doppelter Taktstrich (65)

Markierung

C 25 siehe: Wiederholungs- und Abschnittszeichen

MINI-LEXIKON UND INDEX

Dieses Mini-Lexikon enthält kurze Definitionen sämtlicher in diesem Buch verwendeter Begriffe und Abkürzungen. Die Zahlen geben die Seite(n) an, auf der (denen) das Thema genauer behandelt wird. Die Liste enthält auch einige Wörter, die du nicht in diesem Buch findest, die dir aber möglicherweise in dem einen oder anderen Stück begegnen.

$\frac{4}{4}$ *(24)* Viervierteltakt. Siehe: *Viervierteltakt, Taktvorgabe* und *Metrum.*

8va *(21)* Spiel von hier an alle Noten eine Oktave höher. Eine Oktave tiefer wird durch 8va bassa angezeigt. Steht anstatt der 8 eine 15, spielst du zwei Oktaven höher oder tiefer.

15va Siehe: *8va*

A tempo *(52)* Gehe nach einem schnelleren oder langsameren Teil wieder zum ursprünglichen Tempo zurück. Wird auch als *Tempo I°* (*Primo Tempo* ausgesprochen) dargestellt.

♯ **(Kreuz)** *(11, 35, 40–45, 60, 77–81)* Symbol das angibt, dass eine Note um einen Halbton erhöht werden muss.

♭ *(11, 37–45, 60, 76–81)* Symbol das anzeigt, dass eine Note um einen Halbton erniedrigt werden muss.

Abschnittsstriche Siehe: *Taktstrich.*

Abschnittsmarkierungen *(64–69)* Musikalische Wegweiser, die die verschiedenen Teile eines Stücks angeben.

Accelerando oder **acc.** *(51)* Schneller werden.

Acciaccatura *(61)* Verzierung: eine „kleine" Note, die der Hauptnote unmittelbar vorausgeht. Auch *Appoggiatura* genannt.

Ad libitum *(52)* Wörtlich: „frei" oder „nach Belieben". Oft als *ad lib.* abgekürzt.

Adagio *(51)* Langsam (Metronomzahl 66–76) Siehe: *Metronomangaben.*

Äolischer Modus *(97, 108)* Eine andere Bezeichnung für die Molltonleiter. Der äolische Modus ist der sechste Modus. Siehe auch: *Modus* und *Molltonleiter.*

Agitato *(53)* Aufgeregt.

Akkord *(81, 92, 123, 124)* Drei oder mehr zusammenklingende Töne. Es gibt viele verschiedene Arten von Akkorden. Zwei Beispiele? Der Dreiklang C–E–G ist ein C-Durakkord, und C–E♭–G ist ein C-Mollakkord.

Akkordtabellen *(124)* Mit Hilfe von Akkordtabellen kannst du Gitarrenakkorde ohne Notenschrift schreiben und lesen.

Akzent *(23, 54, 55)* Eine Note mit einem Akzent klingt etwas lauter als die benachbarten Noten. Siehe auch: *Natürliche Akzente.*

Akzentuierter Schlag *(117)* Siehe: *Natürliche Akzente.*

Al Coda: bis zur Coda.

Al Fine *(67)* Zum Ende. Oft in Kombination mit Da Capo. Da Capo al Fine bedeutet: spiele von Capo (Anfang) bis zum Wort Fine. Siehe auch: *Da Capo.*

Alla Breve *(28)* ½-Takt. Auch *Cut Time* genannt. Wird mit dem Symbol ($\frac{2}{2}$) angezeigt.

Allargando *(52)* Langsamer werden. Wörtlich „breiter werdend".

Allegro, Allegretto, Allegrissimo *(51)* Allegro bedeutet schnell (Metronomzahl 120–168). Allegretto ist weniger schnell, allegrissimo etwas schneller. Siehe auch: *Metronomangabe.*

Andante *(51)* Andante bedeutet „gehend" oder „mäßig langsam" (Metronomzahl 76–108) Siehe: *Metronomangabe.*

Antimetrisch Wörtlich „gegen den Rhythmus". Triolen, Septolen und Quintolen sind antimetrische Figuren. Siehe: *Triolen.*

Appoggiatura *(61)* Verzierung: eine „kleine" Note, die der Hauptnote unmittelbar vorausgeht. Auch *Acciaccatura* genannt.

Artikulationsbezeichnungen *(11, 57)* Geben an, wie eine Note „ausgesprochen" werden soll (lang, kurz, kühn, breit usw.) Einige Beispiele: *Staccato, Akzent* und *Legato.*

Assai *(53)* Wörtlich: „sehr" oder „genug". In Zusammenhang mit anderen Angaben verwendet. Siehe: *Tempoangaben.*

Auflösungszeichen *(43, 44)* Ein Symbol, das anzeigt, dass ein ♯ oder ♭, sei es bei der Tonartvorgabe oder den Versetzungszeichen, (vorübergehend) aufgehoben wird (♮).

Auftakt *(35, 36)* Ein unvollständiger Takt zu Beginn eines Stücks. Im Viervierteltakt z. B. kann der Auftakt lediglich aus ein oder zwei Viertelnoten bestehen.

B Internationale Bezeichnung für den Ton, der im Deutschen H heißt. Das internationale B♭ heißt im Deutschen B.

intern.	deutsch
B	H
B♭	B

B♭-Instrumente Instrumente, die ein klingendes B♭ erzeugen, wenn C gegriffen wird. Siehe: *Transponierende Instrumente.*

Backbeat *(117)* Bezeichnung, die hauptsächlich in Rock- und Popmusik verwendet wird. Der Schlagzeuger schlägt die Snaredrum auf dem Backbeat – im $\frac{4}{4}$-Takt der zweite und vierte Schlag. Siehe *Downbeat.*

Balken *(28–30, 128)* Balken machen Partituren lesbarer. Balken werden statt Fähnchen verwendet, um eine

Anzahl von Achtel-, Sechzehntel- oder noch kürzeren Noten, die zusammen einen Schlag ergeben, zusammenzufassen.

Bassschlüssel *(19, 20)* Eine andere Bezeichnung für F-Schlüssel. Siehe auch: *Notenschlüssel.*

Bewegliches Do Das bewegliche Do repräsentiert den Grundton einer Tonleiter. Siehe: *Do, re, mi.*

Bluestonleiter *(111, 112)* Die klassische Bluestonleiter besteht aus Ganztönen, Halbtönen und zwei Intervallen aus anderthalb Tönen. Siehe: *Intervalle.*

BPM *(49, 50)* Beats Per Minute. Siehe: *Schläge pro Minute.*

Bridge *(65, 69)* Die Bridge oder der *Mittelteil* überbrückt zwei Abschnitte eines Stücks.

Capo *(67)* Der Anfang. Siehe: *Da Capo* und *Al Fine.*

Chromatische Tonleiter *(110, 112, 129)* Tonleiter, die aus 12 Halbtönen besteht.

Chromatische Symbole *(41)* Siehe: ♯, ♭ und *Auflösungszeichen.*

Clave-Beat *(119, 120)* Die rhythmische Basis in einem Großteil der lateinamerikanischen Musik, auch Latin genannt.

Coda *(67, 69)*
Der „Schwanz" oder das Ende eines Stücks. Auch *Outro* genannt.

Con brio, con fuoco, con spirito *(53)* Mit Brillanz, mit Feuer (*con fuoco*), lebhaft, kraftvoll.

Crescendo *(47, 52)* Lauter werden.

Cut Time Siehe: *Alla Breve.*

Da Capo *(67)* Oft in Verbindung mit al Fine, Da Capo al Fine: spiele von Capo (Anfang) bis zum Wort Fine. Siehe: *Al Fine.*

Dal Segno oder **D.S.** *(67)* Wörtlich: „vom Zeichen". Gehe vom Takt, wo D.S. steht, zurück zum Zeichen (𝄋) (*segno*).

Decrescendo *(47)* Leiser werden.

Diatonische Tonleitern *(109, 111)* Die diatonischen Tonleitern, oder Modi, bestehen aus zwei Halbton- und fünf Ganztonschritten. Sie haben zwei Grundtöne (dia = zwei, tonic = Grund-

ton). Es gibt auch nichtdiatonische Tonleitern (*110*). Siehe auch: *Modi.*

Diminuendo *(47)* Leiser werden.

Dissonant *(93, 94)* Wörtlich: „nicht zusammenklingend". Angabe des Charakters bestimmter Intervalle. Siehe auch: *Konsonant.*

Do, Re, Mi *(15, 22, 121–130)* Sequenz von Silben, die eine Skala repräsentieren. Auch *Solmisation* genannt

Doit *(62)* Verzierung: die Note wird kurz nach oben gebogen.

Dolce *(53)* Süß, lieblich.

Doppel-♭ *(45)* als ♭♭ notiert: diese Note wird um zwei Halbtöne erniedrigt. Siehe: ♭.

Doppelkreuz *(45)* als 𝄪 notiert. Diese Note wird um zwei Halbtöne erhöht. Siehe: ♯.

Dorisch *(108)* Der zweite Modus. Siehe: *Modus.*

Downbeat *(117)* Die Grundschläge in einem Takt. Meist tippst du den Downbeat mit dem Fuß mit. In einem $\frac{4}{4}$-Takt heißen der zweite und vierte Downbeat auch

Backbeat. Siehe: *Natürliche Akzente.*

Dreivierteltakt *(27)* Ein Stück im Dreivierteltakt ($\frac{3}{4}$) hat in jedem Takt drei Viertelnoten. Siehe: *Taktangaben, Metrum.*

Dur, Durtonleiter *(70–86, 96–106)* Tonleiter, deren Intervalle in folgender Reihenfolge aus Halbton- und Ganztonschritten angeordnet sind: G, G, H, G, G, G, H. Wichtigstes Merkmal: das Intervall zwischen der ersten und dritten Stufe ist eine große Terz. Andere Bezeichnung: ionischer Modus. Die einfachste Durtonleiter findet man durch Spielen aller weißen Tasten von C bis C. Siehe auch *Intervalle.*

Du-wah *(57, 58)* U.a. von Blechbläsern eingesetzter Effekt. Siehe: *Verzierungen.*

Dynamikbezeichnungen *(11, 46–48)* Zeichen und Abkürzungen, die die Lautstärke eines Stücks angeben. Einige Beispiele: *p* steht für piano (leise), *ff* für fortissimo (sehr laut).

E♭-Instrumente Instrumente, die ein Es erklingen lassen, wenn ein C gegriffen wird. Siehe: *Transponierende Instrumente.*

Einfaches Metrum *(26, 118)* Ein Stück oder ein Teil eines Stücks in einfachem Metrum hat Takte mit zwei oder drei Schlägen (also ein Zweier- bzw. Dreiermetrum); diese Takte können nicht mehr in weitere Gruppen von Schlägen unterteilt werden. Siehe: *Metrum, Zusammengesetztes Metrum.*

Eingestrichenes C *(19)* Das C auf der Hilfslinie zwischen Violin- und Bassschlüssel. Auf dem Klavier liegt das eingestrichene C in der Mitte der Tastatur.

Enharmonische Intervalle, Noten, Skalen *(44, 86, 91, 122)* Intervalle, Noten oder Skalen, die gleich klingen, aber unterschiedliche Namen besitzen. G♯ und A♭ sind enharmonische Töne. F♯-Dur (sechs ♯) und G♭-Dur (sechs ♭) sind enharmonische Skalen.

Faulenzer *(65)* Wiederholungszeichen.

F-Schlüssel *(19–21)* Anderer Name für den Bassschlüssel. Siehe: *Notenschlüssel.*

Fall *(62)* Verzierung: „von der Note herunterfallen".

Feeling Um das „Feeling" eines Stücks anzugeben,

werden alle möglichen Wörter verwendet. Einige Beispiele: dolce (süß), con spirito (lebhaft), lazy (träge).

Fermate *(56, 57)* Eine Fermate wird meistens auf der letzten Note oder dem letzten Akkord eines Stücks verwendet. Sie bedeutet, dass du die Note nach Belieben oder bis auf ein Zeichen des Dirigenten oder Schlagzeugers aushalten kannst.

Fine *(67)* Schluss, Ende. Hier ist das Stück wirklich zu Ende. Siehe: *Al Fine.*

Flatterzunge *(60)* Verzierung. Siehe: *Tremolo.*

Forte (*f*), **fortissimo** (*ff*), **fortisissimo** (*fff*) *(46)* Laut, sehr laut, so laut wie möglich.

Forte-piano (*fp*) *(48)* Laut, und unmittelbar danach leise.

G-Schlüssel *(19, 20)* Andere Bezeichnung für Violinschlüssel. Siehe: *Notenschlüssel.*

Ganzton *(16, 72)* Eine große Sekunde; entspricht zwei Halbtönen (z. B. von C nach D). Siehe: *Intervalle, Halbton* und *Ton.* Eine ganze Note dagegen ist eine Note, die im $\frac{4}{4}$-Takt vier

Zählzeiten oder Schläge andauert.

Ganzton-Halbtonleiter, GTHT *(111)* Siehe: *Halbton-Ganztonleiter.*

Ganztonleiter *(110)* Tonleiter, die ausschließlich aus Ganztonintervallen besteht. Auch hexatonische Skala genannt. Siehe: *Intervalle.*

Gerade Achtel *(119)* Das Gegenstück zu Swing. Siehe: *Swing.*

Ghost Note *(57, 58)* Verzierung. Erstickt, „tote" Note.

Glissando *(62)* Verzierung. Von einer Note zur nächsten gleiten.

Grave Ernst, feierlich. Vor allem in langsameren Stücken.

Gregorianisch *(129–130)* Die heutige Notenschrift entwickelte sich aus der für die gregorianischen Choräle verwendeten Notationsweise.

Growling *(60)* Verzierung. Siehe: *Tremolo.*

Grundton *(71–74, 89–92, 96–98, 100–105, 108, 121, 130)* Auch *Tonika* genannt. Die erste (und letzte) Note einer Tonleiter.

Die meisten Stücke enden auf dem Grundton der Tonart, in der sie geschrieben wurden.

Gruppetto *(62)* Verzierung: eine Drehung um die Note herum. Siehe: *B.*

Halbton *(16, 72)* In westlicher Musik die kleinste Entfernung zwischen zwei Noten. Der Abstand zwischen einer Note und ihrem unmittelbaren Nachbarn, z. B. C und C♯, oder E und F. In anderen Kulturen existieren auch Vierteltöne und noch kleinere Abstände. Weitere Bezeichnungen für Halbton: Halbtonschritt und kleine Sekunde. Siehe auch: *Intervalle* und *Ton.*

Halbton-Ganztonleiter, HTGT *(111)* Eine Skala, bei der sich Halb- und Ganztöne abwechseln. Ebenso gibt es eine *Ganzton-Halbtonleiter*, GTHT.

Haltebogen *(31, 33)* Gekrümmte Linie, die Töne derselben Tonhöhe miteinander verbindet. Werden zwei Noten „zusammengebunden", wird die zweite Note nicht separat gespielt, sondern einfach nur ausgehalten.

Harmonisch Moll *(98–101, 123)* Eine Molltonleiter mit erhöhter siebter Stufe. Siehe: *Molltonleiter.*

Harmonielehre *(94)* Studium der Akkorde und Akkordfunktionen.

Haus 1, Haus 2 *(66, 69)* Auch Klammer 1 und Klammer 2 genannt. Die erste Klammer wird das erste Mal in einem zu wiederholenden Teil gespielt, angezeigt durch die Ziffer *1.* Nach der Wiederholung werden die mit Ziffer *2* gekennzeichneten Takte gespielt.

Hilfslinien *(19, 21, 114)* Kurze Linien unter und über dem Notensystem, zur Erweiterung des Tonumfangs. Das eingestrichene C steht immer auf einer Hilfslinie. Siehe: *Eingestrichenes C.*

Hexatonische Tonleiter *(110)* Siehe: *Ganztonleiter.*

Interlude *(65)* Ein Interlude verbindet zwei verschiedene Teile eines Stücks.

Intervalle *(87–95, 107–110)* Den Abstand von einer Note zur anderen bezeichnet man als Intervall. Die Namen der Intervalle basieren auf den Schritten der Durtonleiter: Prime (C–C), Sekunde (C–D), Terz (C–E) usw. Intervalle können auf vielfältige Weise unterteilt werden. Siehe auch: *Übermäßig, Vermindert, Konsonant, Dissonant, Rein.*

Ionisch *(97, 108, 110)* Der erste Modus. Er entspricht der Durtonleiter. Siehe: *Modus* und *Durtonleiter.*

Kirchentonleitern Siehe: *Modus.*

Klammer Siehe: *Haus 1.*

Klingend Siehe: *Transponierende Instrumente.*

Konsonant *(93, 94)* Wörtlich: „zusammenklingend". Konsonante Intervalle unterteilt man in *vollkommene* und *unvollkommene Konsonanten.* S. auch: *Dissonant.*

Largo, Larghetto *(51)* Sehr langsam (Metronomangabe 40–60), ein bisschen weniger langsam (Metronomangabe 60–66). Siehe: *Metronomangabe.*

Legato *(55, 56)* Wörtlich: „gebunden". Beim Legato gehen die Noten fließend ineinander über.

Leichte Musik Sehr ungeschickte Bezeichnung für nicht-klassische westliche Musik oder, wie manche sagen, alle Musikstile, die nicht als „ernste" Musik bezeichnet werden können. Einige Beispiele: Jazz, Pop, Rock, Fusion, Latin, Country, Hard Rock und Folk. Ja, sogar Heavy Metal ist „leichte Musik", wenn du diese Definition verwendest …

Leitton *(97, 98, 100, 101)* Note, die zum Grundton bzw. zur Tonika leitet. Auch Subtonika genannt.

Lento Langsam, schleppend.

Lift *(62)* Verzierung: „zur Note hochgleiten".

Loco *(22)* Dieses Wort beendet einen Abschnitt, in dem alles eine oder zwei Oktaven höher oder tiefer gespielt wurde. Siehe: *Oktavieren* und *8va.*

Lokrisch *(108, 109)* Der siebte Modus. Siehe: *Modus.*

Lydisch *(108, 109)* Der vierte Modus. Siehe: *Modus.*

Marcato *(54)* Wörtlich: „markiert". Eine mit marcato angegebene Note erhält eine zusätzliche Betonung.

Medium Tempoangabe, entspricht einer Metronomangabe von 100–120. Siehe: *Metronomangabe.*

Melodisch Moll *(98–101, 123)* eine Molltonleiter mit erhöhter sechster und siebter Stufe. Siehe: *Stufe* und *Molltonleiter.*

Meno *(53)* Weniger. Wird wie molto (viel), assai (sehr) und andere Wörter in Verbindung mit Spielanweisungen verwendet.

Metronom *(49–51)* Ein Metronom zeigt das Tempo mittels Ticken oder eines Pieptons an. Die Geschwindigkeit des Tickens kann meistens von 40 bis 208 pro Minute eingestellt werden. Es gibt mechanische (zum Aufziehen) und elektronische Metronome.

Metronomangabe *(50, 51)* Die Metronomangabe gibt an, wie schnell ein Stück gespielt werden muss, ausgedrückt in Schlägen pro Minute (BPM). Die Bezeichnung ($\downarrow$=120) bedeutet, dass jede Viertelnote die Dauer von $^1/_{120}$ einer Minute hat, also eine halbe Sekunde. Stell das Metronom auf 120, und es gibt dir das entsprechende Tempo vor. Siehe auch: *Tempo* und *Tempoangaben.*

Metrum *(26, 118)* In der Musik die Zeitmessung. Das Metrum eines Stücks ist die Anzahl von Schlägen pro Takt. In einem Viererme-trum hat jeder Takt vier Schläge. Siehe auch: *Taktangabe, Einfaches Metrum* und *Zusammengesetztes Metrum.*

Mezzo forte (*mf*), **mezzo piano** (*mp*) Mäßig laut, mäßig leise.

Mixolydisch *(108)* Der fünfte Modus. Siehe: *Modus.*

Modale Musik *(109)* Musik, die den typischen Charakter eines bestimmten Modus herausbringt. Siehe: *Modus.*

Moderato *(51)* Mittleres Tempo: nicht zu schnell, nicht zu langsam (Metronomangabe 108–120). Siehe: *Metronomangabe.*

Modus, Modi *(96, 97, 109, 109)* Wörtlich: „Art, Arten". Es gibt sieben Modi. Sie leiten sich aus alten Kirchentonleitern ab. Man findet sie, indem man auf der Tastatur zunächst alle weißen Noten zwischen C und C (der erste Modus, *Ionisch*), dann D nach D (*dorischer Modus*) usw. spielt. Siehe auch: *Diatonische Tonleitern, Dur-* und *Molltonleiter.*

Modulieren, Modulation 1. *(82)* Der Wechsel von einer Tonart zur anderen heißt Modulation. 2. *(61)*

Auf Keyboards und Synthesizern wird ein Vibrato mit dem Modulationsregler gespielt. Siehe: *Vibrato*.

Moll, Molltonleiter *(70–86, 96–106)* Die Intervalle der Molltonleiter haben die folgende Anordnung von Halb (H)- und Ganztonschritten (G): G, H, G, G, H, G, G. Wichtigstes Merkmal: Der Abstand zwischen erster und dritter Stufe beträgt eine kleine Terz. Eine andere Bezeichnung für die Molltonleiter ist äolischer Modus. Die einfachste Molltonleiter findet man durch Spielen aller weißen Klaviertasten von A bis A.

Molto *(53)* Wörtlich: „viel". *Molto espressivo* bedeutet, dass du mit viel Ausdruck spielen sollst, als hättest du viel durchgemacht und möchtest es allen mitteilen.

Mordent *(59, 60)* Verzierung. Kurzer *Triller* zur Note über der Hauptnote.

Natürlich Moll *(100)* Die „normale" Molltonleiter. Siehe: *Molltonleiter*.

Natürliche Akzente *(117)* Die „schwersten" Teile eines Takts. Im Viervierteltakt sind die Eins und die Drei natürliche Akzente, wobei die Eins etwas stärker ist.

Auch prinzipielle metrische Akzente, akzentuierte Schläge oder Downbeats genannt. In derselben Taktvorgabe sind die Zwei und die Vier sog. schwache Schläge, unakzentuierte Schläge oder Backbeats. Der dritte Schlag heißt auch relativ akzentuierter Schlag.

Nichtdiatonisch (110) Siehe: *Diatonische Tonleitern*.

Non troppo *(53)* Wörtlich: „nicht zu viel". Z. B. in Verbindung mit *crescendo ma non troppo*: lauter werden, aber nicht zu viel.

None *(92)* Intervall aus neun Schritten. Siehe auch: *Intervalle*.

Note *(14–36, 127–131)* Ist notiert oder erklingt. Das Aussehen einer Note verrät, wie lange sie klingen soll. Es gibt ganze, halbe, Viertel-, Achtel- und noch kürzere Noten.

Notenschlüssel *(11, 19, 21)* Ein Notenschlüssel gibt die Tonhöhe einer bestimmten Note im Notensystem an. Der Violin- oder G-Schlüssel gibt die Note G an. Das Notensystem mit diesem Schlüssel wird hauptsächlich für höher klingende Instrumente wie Trompeten, Flöten sowie für die höheren Töne auf dem Piano verwendet. Die beiden Punkte des Bassschlüssels geben das F im Notensystem an, das für tiefere Noten verwendet wird. Es gibt noch weitere Notenschlüssel, wie z. B. den C-Schlüssel für die Viola. Siehe auch: *Notensystem.*

Notensystem *(11, 17–23)* Die fünf waagrechten Linien, die für die Notenschrift verwendet werden. Sie können durch Hilfslinien erweitert werden.

Notenwert *(25, 31)* Die Länge einer Note ist ihr Notenwert.

Oktave *(15–17, 19, 22, 87–89)* Intervall aus acht Schritten. Siehe auch: *Intervalle.* Auch: Der Tonumfang eines Instruments wird normalerweise in Oktaven ausgedrückt. Für jede Oktave gibt es eine Vielzahl von Namen und Bezeichnungen.

Oktavieren Vorübergehend in einer anderen Oktave spielen. Siehe: *8va.*

Outro *(65, 67)* Siehe: *Coda.*

Parallel keys *(102)* Tonarten mit demselben Grundton heißen auf englisch *parallel keys*, z. B. C-Dur und

C-Moll. Deutsch: *Varianttonart.*

Paralleltonart *(101, 102, 105)* Moll- und Dur-Tonarten, die im Quintenzirkel zusammen liegen: z. B. C-Dur/A-Moll, F-Dur/D-Moll.

Part *(13)* Jeder Musiker hat seinen eigenen Part oder seine eigene *Stimme.* Sämtliche ausgeschriebenen Parts oder Stimmen eines Musikstückes bilden die *Partitur.*

Partitur *(13)* Eine Partitur (engl.: *Score*) enthält sämtliche Stimmen (engl. *Parts*) eines Stücks. Das Schreiben von Musik (die Noten zu Papier zu bringen) heißt auch *Scoring.* Siehe auch: *Part.*

Pausen *(11, 30, 31)* Der Klang der Stille.

Pentatonische Skalen *(111)* Pentatonische Skalen bestehen aus fünf Tönen (*penta* = fünf).

Phrasierungsbogen *(55, 56)* Eine gebogene Linie, die anzeigt, dass eine Gruppe von Noten (eine Phrase) zusammengehört.

Phrygisch *(108)* Der dritte Modus. Siehe: *Modus.*

Piano (*p*), pianissimo (*pp*), pianisissimo (*ppp*) *(46)* Leise, sehr leise, so leise wie möglich.

Pitch *(10)* Tonhöhe

Portato *(56)* Breit spielen.

Punkt, punktiert *(31, 32)* Der Punkt verlängert die Note um die Hälfte ihres Werts. Eine Note mit Punkt ist eine punktierte Note.

Quarte *(87–89, 91–93)* Siehe: *Intervalle.*

Quinte *(87–89, 91–93)* Siehe: *Intervalle.*

Quintenzirkel *(43, 83–86, 102)* Ein Zirkel, der sämtliche Durtonleitern *(70)* und parallele Molltonleitern *(101)* enthält, inklusive der Vorzeichen jeder Tonleiter.

Rein *(89, 90)* Zusätzliche Bezeichnung für Intervalle (reines Unisono, reine Quarte oder Quinte, und reine Oktave) Siehe: *Intervalle.*

Ritardando oder **ritard.** *(51)* Langsamer werden.

Ritenuto, rit. oder **riten.** *(51)* Langsamer werden.

Rubato *(51)* Freies Tempo. Zu mit Rubato bezeichneten Stimmen kannst du nicht mit dem Fuß klopfen: Es gibt kein festes Tempo.

Schläge pro Minute *(49, 50)* Häufig als BPM (Beats Per Minute) abgekürzt. Die Anzahl der Schläge pro Minute bestimmt das Tempo eines Stücks. Siehe: *Metronomangaben.*

Schlussstrich Ein dünner, senkrechter Strich, gefolgt von einem dicken, der das Ende eines Stücks angibt. Siehe: *Taktstrich.*

Schwache Schläge *(49)* Im Viervierteltakt der zweite und vierte Schlag. Siehe: *Natürliche Akzente.*

Scoop *(57)* Ein leichtes Biegen der Note, von der Hauptnote abwärts und wieder zurück. Siehe: *Verzierung.*

Sekunde *(87–89, 91, 93, 94, 116)* Siehe: *Intervalle.*

Segno *(67)* Das Segnosymbol (𝄋) zeigt an, wohin du springen musst. Siehe: *Coda* und *Dal Segno.*

Septole *(35)* In sieben gleiche Teile aufgeteilte Note.

Sexte *(88, 89, 91, 92, 94)* Siehe: *Intervalle.*

Sforzando (*sf* oder *sfz*) *(48)* Laut und dann sofort leise.

Dieses Symbol ist oft von einem Crescendo gefolgt. Siehe: *Crescendo*.

Simile *(56)* Spiel genauso weiter. Zum Beispiel: spiel die Noten weiter staccato.

Skalenschieber *(81, 123, 153, 154)* Der Skalenschieber enthält sämtliche Töne der Dur- und Molltonleitern sowie die Intervalle. Ein Skalenschieber zum Selbermachen befindet sich am Schluss des Buches.

Solfège *(94)* Das Singen von Intervallen sowie die Erkennung von Intervallen und Akkorden sind Teil des Solfège-Studiums. Auch *Gehörbildung* genannt.

Staccato, staccatissimo *(54–56)* Kurz, sehr kurz.

Stammtonreihe *(16, 20, 37, 39, 70, 72, 77, 80)* Die Stammtöne sind die Noten der *weißen Tasten* eines Tasteninstruments.

Stufe *(83, 122)* Eine bestimmte Note innerhalb einer Tonleiter oder eines Modus. Die zweite Stufe einer Tonleiter ist die zweite Note eben dieser Skala.

Stringendo oder **string.** *(51, 53)* Wörtlich: „zusammendrängend". Etwas schneller und lauter werden.

Swing *(119)* Das Wort Swing zu Beginn eines Stückes bedeutet, dass die Achtelnoten als Triolen interpretiert bzw. empfunden werden müssen. Du sollst mit einem *Triolenfeeling* spielen. Siehe auch: *Gerade Achtel*.
Die tatsächliche Bedeutung des Wortes Swing kann kaum definiert werden und wird wohl am besten durch den Titel von Duke Ellingtons *It don't mean a thing, if it ain't got that swing* ausgedrückt. Swing beschränkt sich übrigens nicht nur auf Jazzmusik. Auch Pop, Hip Hop oder House kann swingen.

Tabulatur *(124–126)* Notationssystem für Gitarristen, Keyboarder und andere Musiker, bei dem keine Noten verwendet werden.

Takt *(23, 26, 27)* Musik wird mit senkrechten Strichen im Notensystem in Takte unterteilt. Der erste Schlag im Takt (der natürliche Akzent) kann fast immer sofort erkannt werden. In einem Stück im ¼-Takt ($\frac{4}{4}$) enthält jeder einzelne Takt eine oder mehrere Noten, die zusammen exakt die Länge von vier Viertelnoten ergeben. Siehe auch: *Taktstriche* und *Natürlicher Akzent.*

Taktnenner *(16)* Die untere Ziffer der Taktangabe. Aus der Zahl ist ersichtlich, welche Note gezählt wird oder, mit anderen Worten, welche Note einem Schlag entspricht. Siehe: *Taktangabe* und *Metrum.*

Taktstrich *(26, 65)* Taktstriche (die senkrechten Linien im Notensystem) unterteilen die Musik in Takte und zeigen genau an, welche Noten zu welchem Takt gehören. Gruppen von zwei, vier, sechs, acht und mehr Takten werden manchmal mit Abschnittsstrichen (Doppelstrichen) abgeschlossen. Siehe: *Takt, Metrum* und *Taktangabe.*

Taktangabe *(26, 27)* Die Taktangabe gibt die Schläge oder Zählzeiten pro Takt an (also das *Metrum*), und welche Note einem Schlag entspricht. In Stücken mit einer Taktangabe von $\frac{4}{4}$ hat jeder Takt vier Schläge, und ein Schlag entspricht einer Viertelnote: die Viertelnote ist also die Zähleinheit. Die Taktangabe steht immer am Anfang eines Stückes. Die untere Ziffer ist die Zähleinheit und die obere die Anzahl der Schläge pro Takt. Haben ein oder mehrere Teile eines Stücks eine andere Taktangabe, dann wird diese immer zu Beginn des jeweiligen Teils angegeben.

Tempo *(49–53)* Das Tempo eines Stücks ist die Geschwindigkeit, mit der es gespielt wird.

Tempo primo, tempo I° Siehe: *A Tempo.*

Tempoangaben *(50)* teilen dir mit, wie schnell ein Stück gespielt werden muss. Verwendet werden u.a. italienische Wörter (Largo, Presto usw.), englische Wörter oder Metronomzahlen. Anweisungen, schneller (accelerando) oder langsamer (ritenuto) zu spielen oder das Tempo auf irgendeine andere Weise zu verändern, sind ebenfalls Tempoangaben. Siehe auch: *Metronom* und *Metronomangabe.*

Tetrachord *(110)* Die beiden Hälften einer diatonischen Tonleiter.

Terz *(87, 89, 92, 96, 100, 112, 115, 116)* Siehe: *Intervalle.*

Ton 1. Ganzton, Ganztonschritt, große Sekunde oder der Abstand zwischen zwei Noten, die nur durch eine einzige weitere Note voneinander getrennt sind. Zum Beispiel C-D, das nur durch C♯ voneinander getrennt ist (siehe auch: *Halbton*). 2. Der Ton auf Papier heißt normalerweise Note, die gespielte Note dagegen Ton. 3. Der Ton eines Instruments ist der spezifische Klang, den es erzeugt. Ein Klavier hat einen anderen Ton als eine Trompete. Ein Instrument kann z. B. einen großartigen Ton, einen harten Ton oder einen warmen Ton haben. Musiker übrigens auch …

Tonart *(42, 44, 74, 78, 80, 82, 85, 90, 102–105, 115, 122)* Die Tonart bezieht sich auf die Tonleiter, auf der ein Musikstück basiert. Ist ein Stück in A-Dur, dann basieren seine Töne auf der A-Durtonleiter. Siehe: *Tonleiter*.

Tonika *(70–82)* Siehe: *Grundton*.

Tonleiter *(70–82)* Serie von mindestens fünf Noten, von unten nach oben angeordnet. Vorzeichen und Grundton eines Stücks verraten die Tonleiter, auf der es basiert. Siehe: *Tonart*, *Modus*, *Durtonleiter* und *Molltonleiter* *(96–112)*.

Tranquillo *(53)* Ruhig.

Transponieren *(113–116)* Musik aus einer Tonart in eine andere versetzen.

Transponierende Instrumente *(113–116)* Die meisten Blasinstrumente sind transponierende Instrumente. Das bedeutet, dass es einen Unterschied zwischen der gegriffenen und der erklingenden Note gibt. Auf einem Altsaxophon klingt ein gegriffenes C z. B. wie ein E♭ auf dem Klavier. Diesen Ton nennt man *klingend E♭*. Das Altsaxophon ist ein sog. E♭-Instrument.

Tremolo *(60, 61)* Verzierung: schnelle Wiederholung einer Note oder schneller Wechsel zwischen zwei Noten. Auch *Flatterzunge* (bei Blasinstrumenten) und *Growling* (im Jazz) genannt.

Triller *(59, 60)* Verzierung: schneller wiederholter Wechsel zwischen einer Note und ihrer oberen Nebennote.

Triole *(33–35, 119)* Eine in drei gleiche Teile aufgeteilte Note. Wird durch eine Klammer mit der Ziffer 3 in der Mitte angezeigt.

Triolenfeeling *(119)* Siehe: *Swing* und *Gerade Achtel*.

Übermäßig *(90–93, 116)*
Ein übermäßiges Intervall
ist ein großes oder reines Intervall, das um einen Halbton erweitert wird. C–F ist
eine reine Quarte, C–F♯ ist
eine übermäßige Quarte.
Siehe: *Intervalle* und *Rein*.

Umgekehrter Mordent
(60) Verzierung. Kurzer
Triller zur Note unter der
Hauptnote.

Unakzentuierter Schlag
Siehe: *Natürliche Akzente*.

**Ungerades Metrum, un-
gerader Takt** *(117–119)*
Takt, bei dem die Schläge
in jedem Takt in ungleiche
Gruppen unterteilt sind.
Ein Beispiel: ein Fünfvier-
teltakt besteht aus einer
Dreier- und einer Zweier-
gruppe (3 + 2) oder umge-
kehrt (2 + 3). Siehe: *Taktangabe*.

Unvollkommen konsonant
(93, 94) Siehe: *Konsonant*.

Upbeat Das Gegenteil eines
Downbeats. Die Schläge zwischen den Downbeats sind
die Upbeats.

Ut, Re, Mi *(130)* Entspricht
Do, Re, Mi.

Varianttonart
Siehe: *Parallel Keys*

Vermindert *(90)* Ein vermindertes Intervall ist ein
reines Intervall, das um
einen Halbton verkleinert
wurde. C–G ist eine reine
Quinte, C–G♭ eine vermin-
derte Quinte. Kleine Intervalle können nochmals um
einen Halbton vermindert
werden, was jedoch selten
vorkommt. Siehe: *Intervalle*
und *Rein*.

Versetzungszeichen *(37–
45, 98, 99, 122)* ♯, ♭ oder Auflösungszeichen, die nicht in
der Tonartvorgabe stehen.
Ein Versetzungszeichen gilt
nur für Noten derselben
Tonhöhe, die in dem Takt,
wo es auftaucht, folgen.

Verzierung *(59–63) Triller,
Plop, Mordent* und *Appoggiatura* sind vier Beispiele
von Verzierungen. Eine Note wird durch Umspielen
verziert.

Vibrato *(61)* Schwanken
der Tonhöhe. Auf einem
Saiteninstrument wird das
Vibrato durch Vor- und
Rückwärtsbewegung des
die Saite gedrückt halten-
den Fingers erzeugt. Auf
Keyboards und Synthesi-
zern mit dem *Modulations-
rad* und auf der Gitarre mit
dem Whammybar bzw. Tre-
molohebel – wobei letzte-
re Bezeichnung irreführend
ist.

Viervierteltakt *(24)* Ein Stück im Viervierteltakt hat die Taktangabe $\frac{4}{4}$ neben dem Notenschlüssel. Jeder Takt eines Stücks im Viervierteltakt entspricht der Dauer von vier Viertelnoten. Zähleinheit ist die Viertelnote. Siehe: *Taktangabe* und *Metrum*.

Violinschlüssel *(19, 128)* Anderer Name für den G-Schlüssel. Siehe auch: *Notenschlüssel*.

Vivace *(53)* Lebhaft.

Vollkommen konsonant *(93)* Siehe: *Konsonant*.

Vorzeichen *(37–45, 88)* ♯ oder ♭ am Anfang des Notensystems, unmittelbar nach dem Notenschlüssel. Die Vorzeichen sagen dir, welche Noten erhöht und erniedrigt werden und geben die Tonart eines Stücks an. Siehe: *Tonart*.

Weiße Taste *(16, 40)* Die weißen Tasten eines Tasteninstruments heißen auch *Stammtöne*. Die C-Durtonleiter besteht aus den acht Stammtönen, weißen Tasten, die zwischen einem C und dem nächsten C auf der Tastatur liegen.

Wiederholungszeichen *(11, 12, 64–69)* Wegweiser.

Wiederholungszeichen geben an, dass ein oder mehrere Takte zu wiederholen sind.

Zigeunertonleiter *(112)* Tonleiter mit einem Intervall von eineinhalb Tönen an zwei Stellen.

Zusammengesetztes Metrum *(118)* Metrum, bei dem jeder Takt in kleinere Gruppen von Schlägen eingeteilt werden kann. Siehe auch: *Einfaches Metrum*.

MEHR WISSEN?

Es gibt ganze Bibliotheken voller Bücher über Musiktheorie, und über jeden kleinen Abschnitt in dieser Ausgabe könnte man bereits ein ganzes Buch schreiben. Sollten dich die vorangegangenen Seiten neugierig gemacht haben, hier ein paar Vorschläge.

EINIGE BÜCHER

Es gibt Hunderte von Büchern über Musiktheorie – sei es allgemeiner Natur wie das, das du in der Hand hältst oder solche, die sich mit spezifischen Themen auseinander setzen. Viele dieser Bücher orientieren sich mehr oder weniger oder fast ausschließlich an klassischer Musik. Andere wiederum beziehen auch andere Musikrichtungen mit ein oder spezialisieren sich gar darauf. Die folgende, keineswegs vollständige Liste, enthält einige Titel, mit denen du dein Wissen vertiefen kannst. Die ersten drei Bücher wurden auch für diese Pocket-Info konsultiert.

• *The Harvard Concise Dictionary of Music*, zusammengestellt von Don Michael Randel (The Belknap Press of Harvard University Press, USA/England, 1978; 577 Seiten; ISBN 0 674 37470 3) könnte man als ausgedehnte (sehr ausgedehnte!) Version des Glossars auf den vorhergehenden Seiten bezeichnen. Sie enthält zudem Informationen über Instrumente, Komponisten und deren Werke.

• *Lies My Music Teacher Told Me; Music Theory for Grown-Ups* von Gerald Eskelin (Stage 3 Publishing, USA, 1994; 175 Seiten; ISBN 1 886209 11 1). Eine andere und sehr erfrischende Sichtweise einiger Themen, mit denen sich diese Pocket-Info und die meisten anderen Bücher über Musiktheorie befassen. Eskelin schrieb auch *The Sounds*

of Music: Perseption and Notation, empfohlen als
„… spannende und neue Lehr- und Lernmethode."

- *Music Theory Made Easy* von David Harp (musical ipress,
  Vermont, USA, 1994; 78 Seiten; ISBN 0 918321 99 9)
  Themen: Improvisation, Komponieren eigener Songs,
  verschiedene Tonleitern, Partituren und mehr.
- *Die Kunst des Rhythmus* von Peter Giger (Schott 1993;
  336 Seiten; ISBN 3-7957-1862-7). Das Buch zeigt kon-
  ventionelle, aber auch neue Wege, die es Anfängern und
  fortgeschrittenen Musikern erlauben, Rhythmik und
  Polymetrik von Grund auf zu verstehen.
- *Neue Allgemeine Musiklehre* von Christoph Hempel
  (Atlantis-Schott 1997; 333 Seiten; ISBN 3-254-08200-1).
  Reichhaltiger Stoff in übersichtlicher Form dargestellt.
  Mit vielen Notenbeispielen, Abbildungen und Aufgaben
  zur Selbstkontrolle.

DIE POCKET-INFO-MANNSCHAFT

Hugo Pinksterboer, Autor, Journalist und Musiker in den
verschiedensten Bereichen, veröffentlichte Hunderte von
Interviews, Artikel und Rezensionen in holländischen und
internationalen Musikmagazinen. Von 1991 bis 1998 war
er Chefherausgeber von Slagwerkkrant (ein holländisches
Schlagzeugmagazin). Außerdem schrieb er das Standard-
werk über Cymbals (The Cymbal Book, Hal Leonard, USA,
1993) sowie mehrere Bücher der Pocket-Info-Serie und
Hand- und Textbücher für Musiker und Nichtmusiker.

Bart Noorman unterrichtet Trompete, Musiktheorie und
Improvisation am DJAM, einer privaten Jazzschule in
Amsterdam, Holland. Er studierte Trompete am Konser-
vatorium in Utrecht. Viele Jahre lang arbeitete er als Trompeter, Komponist und Arrangeur im Bereich Pop, Jazz
und lateinamerikanische Musik. Zusätzlich organisiert
er Workshops mit so unterschiedlichen Themen wie Improvisation und Atemtechniken für Bläser.

Grafiker, Designer und Musiker Gijs Bierenbroodspot war
Art Director bei vielen verschiedenen Zeitschriften und hat
zahlreiche Werbekampagnen entwickelt. Als er Informationen über Saxophon-Mundstücke suchte, kam ihm die
Idee dieser Buchreihe über Musik und Musikinstrumente,
für die er auch das Layout entworfen und die Abbildungen

gezeichnet hat. Ein gutes Mundstück hat er übrigens inzwischen gefunden.

ETWAS ÜBERSEHEN?

Gibt es noch Dinge, die in diesem Buch fehlen? Oder kann hier oder da noch etwas verbessert werden? Schicke deine Vorschläge und Kommentare an Schott Musik International, Postfach 36 40, 55026 Mainz, Germany oder als E-Mail (rock.pop.jazz@schott-musik.de).

Möchtest du über Neuerscheinungen in dieser Serie informiert werden? Dann schick uns eine E-Mail oder schau auf unserer Webseite **www.schott-music.com** vorbei.

ZUR HAND

Einige Dinge sollte man immer sofort zum Nachschlagen bei der Hand haben. Da wäre zum einen der Skalenschieber zum Selbermachen, der dir alle Noten der Dur- und Molltonleitern und alle Intervalle zeigt sowie sämtliche ausgeschriebene Tonleitern, der Quintenzirkel, einige Gedächtnishilfen und die Namen der Oktaven.

Skalenschieber

Der Skalenschieber zeigt dir die Intervalle und Noten der Dur- und Molltonleitern. Der untere Teil des Schiebers ist eine zu einem Kreis gebogene Tastatur mit dem Tonumfang einer Oktave. Der obere Teil zeigt die Intervalle der Dur- und Molltonleitern. Fotokopiere die beiden Kreise und schneide sie aus. Der Skalenschieber funktioniert am besten und hält auch länger, wenn du ihn ein wenig vergrößerst. Klebe ihn dann auf ein Stück Karton. Zentriere den kleinen Kreis auf den größeren, stanze ein Loch in die Mitte und stecke eine Splintnadel durch.

Startpunkt

Wenn du die Noten einer Durtonleiter herausfinden möchtest, zeige mit „DUR" auf den Grundton eben dieser Tonleiter. Die schwarzen Pfeile zeigen dir die richtigen Töne dieser Tonleiter an. Verwende für Molltonleitern „MOLL".

Intervalle

Um die Intervalle zu lesen, benutze erneut den „DUR"-Pfeil. Richte ihn auf die untere Note des jeweiligen Intervalls, und lese den Namen vom Pfeil ab, der auf die obere Note zeigt.

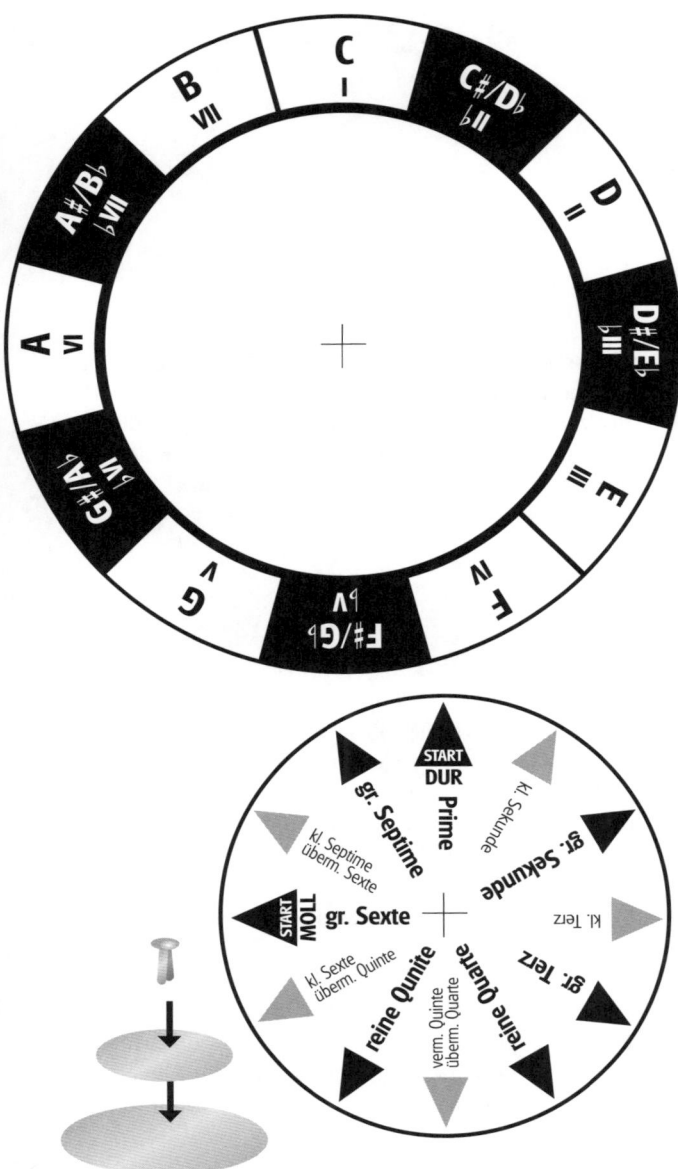

Fotokopieren, ausschneiden, Splintnadel durchstecken und fertig.

ALLE DUR- UND MOLLTONLEITERN

Die Dur- und Molltonleitern sind die beiden am häufigsten verwendeten Tonleitern. Hier sind die 26 wichtigsten, komplett ausgeschrieben. Willst du noch mehr herausfinden? Dann sieh in Kapitel 10 nach.

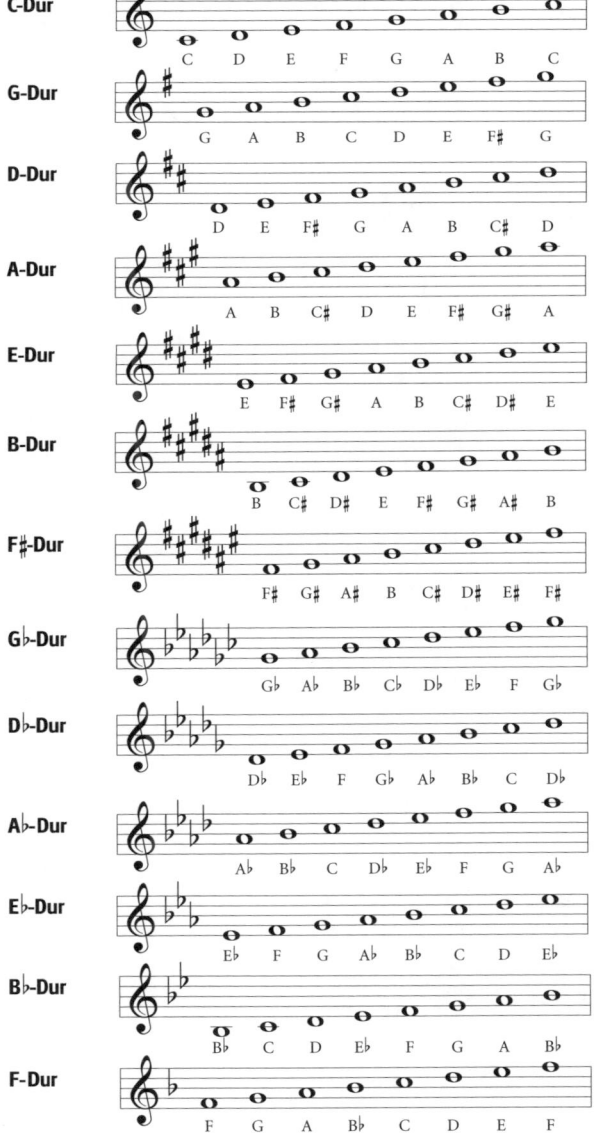

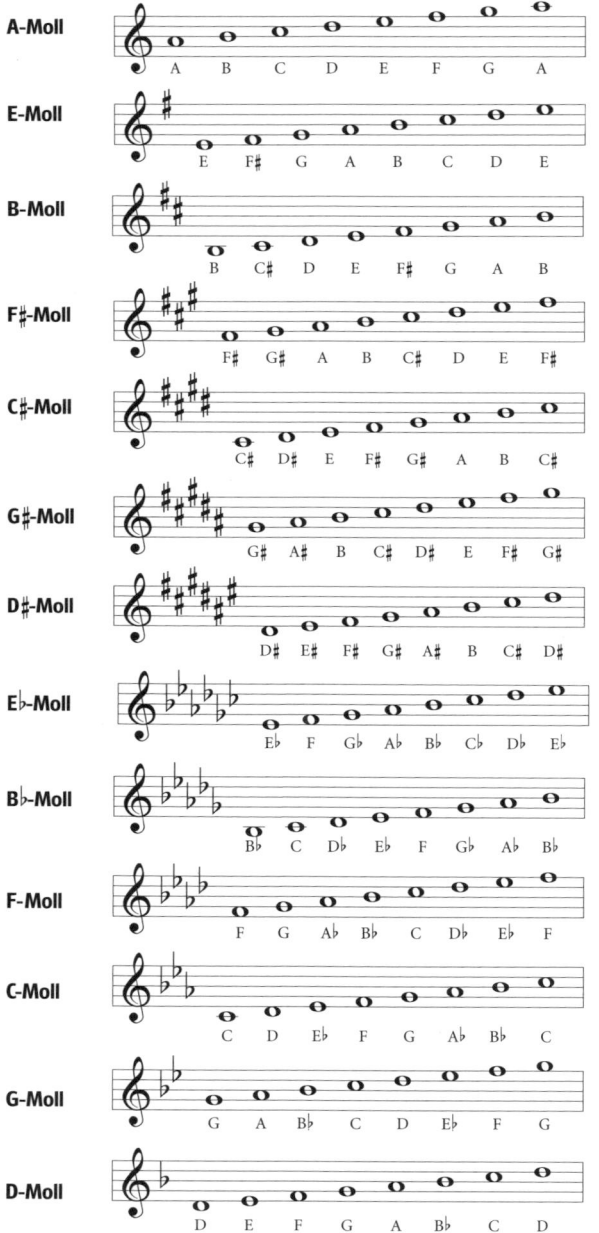

DER QUINTENZIRKEL

In Kapitel 11 und 13 findest du alles über den Quintenzirkel.

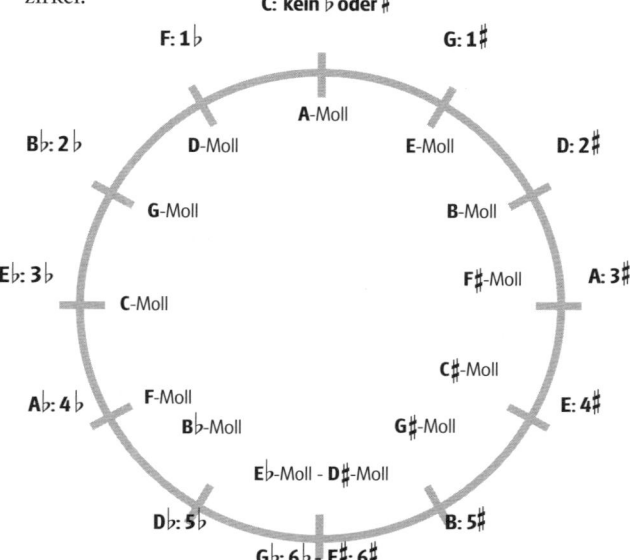

VORZEICHEN

Die feste Abfolge der Vorzeichen wird in den Kapiteln 4, 10
und 11 besprochen.

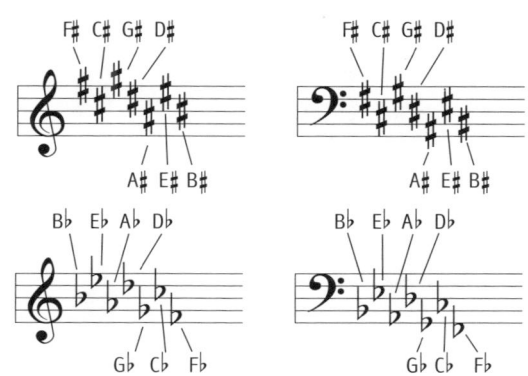

Wie viele?

Wie viele ♯ und ♭ enthält jede Durtonleiter?

Durtonleitern mit ♯

Geh (1) Du (2) Alter (3) Esel (4) Hole (5) Fische (6).
Die G-Durtonleiter hat ein ♯, D-Dur zwei usw.

Durtonleiter mit ♭

Frische (1) Brötchen (2) Essen (3) Assessoren (4) Des (5)
Gesangs (6).
F-Dur hat ein ♭, B♭-Dur zwei, E♭-Dur drei usw.

DIE OKTAVEN

Vor allem als Keyboarder hat man es mit einer ganzen
Reihe von Oktaven zu tun. Die untenstehende Tabelle gibt
einen Überblick über die Oktavbereiche.

Tonumfang

Dieselben Angaben gelten für den Tonumfang eines Instruments oder Sängers oder die genaue Tonhöhe einer
Note. Eine klassische Gitarre hat z. B. einen Tonumfang
von E bis e2

Mittleres A und C

Das mittlere C, die Note, die sich in der Mitte der Tastatur
befindet, ist c1, das eingestrichene C. Auf dem Papier liegt
dieses C zwischen Bass- und Violinschlüssel (s. Seite 20).
Das A, nach dem die meisten Instrumente stimmen, ist a1,
das eingestrichene A.

Name	Oktavbereich
Kontraoktave	C1–B1
große Oktave	C–B
kleine Oktave	c–b
eingestrichene Oktave	c1–b1
zweigestrichene Oktave	c2–b2
dreigestrichene Oktave	c3–b3
viergestrichene Oktave	c4–b4
fünfgestrichene Oktave	c5–b5

Hertz

Die Höhe eines Tons wird durch die Anzahl der Schwingungen pro Sekunde bestimmt (Hertz oder Hz). Der Ton a1 entspricht üblicherweise 440 Hertz.

Noch tiefer

Die tiefste Note auf dem Klavier ist C1, aber wie steht's mit den noch tieferen Noten? Sie gehören zur Subkontraoktave, die auch als C2–B2 angegeben wird.

Notizen

_____

_____

_____

_____

_____

_____

_____

_____

_____

_____

_____

_____

_____

_____

_____

_____

_____

_____

_____

_____

_____

_____